Bruno Grelon

LA COURSE D'ORIENTATION

ÉDITIONS DE VECCHI S.A.
20, rue de la Trémoille
75008 PARIS

Malgré l'attention portée à la rédaction de cet ouvrage, l'auteur ou son éditeur ne peuvent assumer une quelconque responsabilité du fait des informations proposées (formules, recettes, techniques, etc.) dans le texte.
Il est conseillé, selon les problèmes spécifiques – et souvent uniques – de chaque lecteur, de prendre l'avis de personnes qualifiées pour obtenir les renseignements les plus complets, les plus précis et les plus actuels possible.

En couverture : photo principale de Bruno Grelon ; petit encadré : photo FFCO/Roland Thievenaz

Imprimé en Italie

REMERCIEMENTS

Pour la réalisation de cet ouvrage, de nombreuses personnes m'ont apporté leur soutien et leur collaboration, qu'ils en soient tous remerciés.
Mes remerciements plus particuliers iront tout d'abord à la Fédération française de course d'orientation (FFCO), à son président et à ses permanents (en particulier Michel Devrieux, directeur technique national) qui ont mis à ma disposition tous leurs documents et m'ont autorisé à les utiliser et à les reproduire. Les attachées de presse de l'agence Duodecim ont également droit à ma gratitude pour leur gentillesse et pour tous les éléments qu'elles m'ont fournis.
Un certain nombre de marques, liées à la course d'orientation, m'ont apporté leur collaboration et m'ont fourni leur aide sur un plan documentaire, notamment les sociétés Recta et Suunto. Les rédacteurs et collaborateurs du journal *Orientation Magazine* ont su partager leur enthousiasme pour ce sport et ont enrichi ce guide de nombreux éléments techniques.
L'Union générale sportive de l'enseignement libre (UGSEL) s'est toujours montrée attentive à mes travaux et mes écrits. Notre collaboration dans ce domaine s'est révélée fructueuse et enrichissante. Je pense en particulier aux travaux de Jacky Ribeyre, pour le second degré et ceux de Bruno Grave dans le premier degré qui ont su montrer combien ce sport est enrichissant pour le développement des enfants.
Je ne saurai oublier l'ensemble de l'équipe des éditions De Vecchi qui m'a toujours encouragé et soutenu dans mon travail, et s'est montrée toujours attentive et patiente.
Enfin, un remerciement particulier sera adressé à Catherine Launay, à la fois pour sa collaboration dans de nombreux chapitres de ce livre et son soutien moral et technique tout au long de la réalisation de cet ouvrage.

Préface

Un sport de haut niveau, un sport de masse, un sport de loisir, une activité physique de pleine nature... la course d'orientation est tout ceci et beaucoup plus.

Le stade de prédilection de la course d'orientation est la forêt. Pour son équilibre, l'homme urbain moderne a besoin de se ressourcer en pleine nature. La course d'orientation s'adresse donc à lui en lui assurant son autonomie. À une époque où la société se soucie de plus en plus de la protection de l'environnement, la pratique sportive en milieu naturel apprend à aimer et à respecter ce milieu.

La course d'orientation est aussi une activité sportive éducative par excellence. Pour le jeune, elle introduit tous les éléments liés à ses repères dans l'espace, mais surtout elle fait appel à la prise en charge et la maîtrise de soi dans un environnement peu familier.

J'accueille avec plaisir cet ouvrage qui reprend en partie les techniques pratiquées en course d'orientation. Bien qu'il ne traite pas que de la course d'orientation, il en exprime tous les aspects : les disciplines, les règlements, les calendriers, la symbolique cartographique, la formation... Par son approche ce livre s'adresse à un large public. Tous ceux qui sont attirés par la course d'orientation y trouveront les menus détails utiles pour la pratiquer en compétition ou sous forme de promenade. Il s'adresse aussi à l'animateur débutant qui trouvera la base des principes de traçage de parcours et d'organisation de manifestations.

Quelle que soit la qualité d'un ouvrage technique, il ne peut communiquer les multiples facettes de la course d'orientation. Il faut y goûter pour en découvrir toutes les richesses. Ce sport est éminemment ludique ; chaque course, chaque parcours propose de nouveaux défis qui sont adaptés à l'âge et au niveau technique de chacun. On ne lasse pas d'être confronté à des problèmes d'orientation toujours renouvelés. Pour beaucoup la pratique de ce sport reflète un style de vie naturel et sain.

Je souhaite vivement que cet ouvrage fasse mieux connaître la course d'orientation et surtout suscite de nombreux adeptes pour ce magnifique sport qui, cette année, fête déjà son centenaire.

EDMOND SZÉCHÉNYI
Président de la Fédération française
de course d'orientation

Avant-propos

D'accès facile pour tous, la course d'orientation est un sport-loisir qui offre au pratiquant une activité de pleine nature. Le sportif y trouvera toutes les données d'une discipline de haut niveau, demandant endurance et stratégie. L'amateur de découverte du milieu naturel ne pourra que se satisfaire de cet esprit libertaire qui sort des chemins habituels pour couper à travers landes, escarpements et forêts.
Carte d'orientation et boussole sont les deux éléments indispensables de ce sport encore souvent considéré comme un grand « jeu de piste ». Les athlètes déchiffrent la carte en un clin d'œil, attentifs à l'environnement, repérant chaque relief, chaque cours d'eau, pour trouver le meilleur itinéraire avant de s'élancer en courant de balise en balise pour poinçonner leur carton de contrôle. C'est dans ce choix tactique du meilleur parcours que se joue souvent la victoire, la ligne droite n'étant pas toujours le meilleur itinéraire.
Ouvert à tout pratiquant, la course d'orientation voit dans ses rangs aussi bien des sportifs de haut niveau que des randonneurs désireux de se faire plaisir dans une compétition sportive. C'est d'ailleurs en pensant à eux que la Fédération française de course d'orientation (FFCO) a développé les « raids ». Ces épreuves populaires qui se déroulent sur plusieurs journées attirent chaque année plusieurs milliers d'amateurs.
Enfin sur le plan pédagogique, les enseignants ont découvert tout l'intérêt de la course d'orientation dans les domaines de la réflexion, de la prise de responsabilité, de l'initiation à l'environnement, sans compter le développement physique.
Cet ouvrage reprend donc toutes ces données pour vous initier à ce sport. Mais au-delà de l'apprentissage de la lecture d'une carte ou de l'utilisation d'une boussole, vous trouverez au fil des chapitres d'autres conseils qui vous permettront d'aller plus loin dans la pratique sportive et développer vos qualités si vous vous lancez dans la compétition.

Historique

De tout temps l'orientation, autrement dit la faculté de se diriger d'un point à un autre à travers un domaine inconnu (mer, terre ou air), fut l'objet d'une recherche constante des navigateurs et autres voyageurs. Dans les lieux où l'on ne disposait pas de repères fixes (l'océan, le désert), le ciel, avec la position des étoiles et celle du Soleil, était la meilleure source d'information.
La connaissance plus ou moins approfondie du pays permit, par la suite, une reproduction du terrain en deux dimensions, avec pour premières données, les limites terrestres (les côtes) et les éléments géographiques les plus remarquables : cours d'eau, lacs et montagnes. Les récits des « explorateurs » améliorèrent les données, offrant aux premiers cartographes la possibilité de parfaire ou de corriger leurs tracés.

Des outils adaptés

Ce sont vraisemblablement les arpenteurs et autres géomètres, professions reconnues dès les premières civilisations, qui purent établir les premières descriptions graphiques d'un lieu. Aux modestes toises, équerres ou fils à plomb, instruments des débuts, se rajoutèrent des outils conçus pour des mesures particulières permettant de lever des cartes nettement plus précises. Ainsi l'*alidade à pinnules* établissait les données de dénivellation entre deux points dont l'un est inaccessible. Dans le même esprit mais souvent utilisés par l'artillerie, on trouve les *clinomètres* ou *éclimètres*, qui permettaient de régler l'inclinaison des pièces en fonction de la portée. La méthode de mesure des angles de visée – théorie conçue au XIIe siècle, mais seulement développée au XVIe siècle – offrait également la possibilité de calculer des distances. Au XVIIe siècle, le *cercle hollandais* – disque horizontal muni d'une boussole – du savant belge Gemma Frisius, puis quelques années plus tard le *graphomètre* du Français Danfrie, permirent cette mesure directe, alors que le *rapporteur* (toujours utilisé en géométrie) et la *planche prétorienne* servaient à la reporter sur une carte.
Mesurer une grande distance posait également problème. Dans les civilisations égyptienne, grecque ou indienne, pour la réalisation de la mesure étalon on utilisait des cordeaux qui, selon les historiens, étaient enduits de cire ou de résine pour résister à l'humidité. Notre fameuse chaîne d'arpenteur en métal ne fut employée qu'au tout début du XVIIe siècle. L'historien Henri Michel raconte dans son ouvrage sur les instruments des sciences[1] : « Plus pratiquement, le chemin peut être mesuré au pas. On enten-

1. MICHEL (Henri), *Les Instruments des sciences dans l'art et l'histoire*, Société française du livre, 1966. Henri Michel est membre de l'Académie internationale d'histoire des sciences.

Reproduction d'une carte du XIVe siècle. Les méridiens et parallèles sont absents et sont remplacés par des azimuts magnétiques

dait jadis par "pas" une double enjambée, soit 1,60 mètre. Mille de ces pas faisaient un *mille*, et c'est pourquoi le *mile* anglais mesure encore aujourd'hui 1 609 mètres. »

« Pour éviter le comptage fastidieux des pas, ajoute l'historien, on imagina au XVIe siècle le *podomètre*. C'était un petit compteur accroché à la ceinture. Un cliquet actionnant des engrenages par une roue à rochet était relié par un cordon à l'un des pieds du marcheur. Le compteur enregistrait ainsi le nombre des doubles-pas parcourus. » Inventé en Allemagne du Sud, cet instrument permettait d'enregistrer une distance maximum d'une quinzaine de kilomètres. Outre des *podomètres* destinés aux chevaux, on développa l'*odomètre*, invention d'un Égyptien du Ier siècle, constitué d'une roue reliée à un « compteur » par un système d'engrenage. Celui réalisé par le Français Fernel en 1550 permit de mesurer avec une très grande exactitude la distance d'Amiens à Paris.

Chercher le nord

Quant à l'orientation, elle fut l'objet des préoccupations des marins de toutes les époques. Ce problème fut résolu grâce à l'invention de la boussole, qui apparut dans le monde occidental vers le XIe siècle.

Pour beaucoup, elle serait originaire de

Chine et aurait transité par les Arabes avant d'atteindre les marins de Gênes et de Venise. Pour Henri Michel cette opinion semble erronée : « Peut-être serait-il logique de chercher la boussole en Scandinavie. L'instrument aurait suivi les Normands, passé avec eux en Méditerranée au XIe siècle, et gagné, par l'intermédiaire des Arabes, l'Extrême-Orient où on ne le signale en toute certitude qu'au XIIIe siècle. » Même si cette théorie est séduisante, aucun des spécialistes du monde viking ne semble la confirmer.

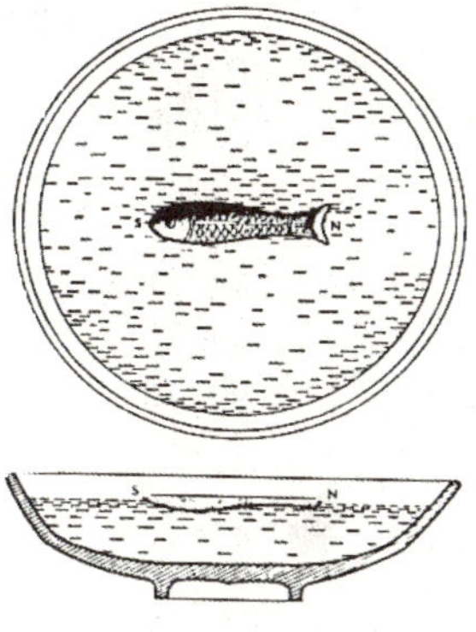

La première boussole. Selon la légende, c'est un sage chinois qui, en 2500 ans avant J.-C., découvrit que lorqu'un morceau de magnétie était placé sur un bout de bois flottant, celui-ci s'orientait toujours dans la même direction. Certains historiens prétendent que les Grecs connaissaient également les propriétés de la magnétite et qu'au Xe siècle les navigateurs arabes et vikings utilisaient des boussoles rudimentaires

Par contre, le fait qu'un mystérieux Favio Gioia du port d'Amalfi, près de Naples, ait été le véritable inventeur du compas de mer est souvent réfuté. Que la statue de ce marin trône au milieu de sa ville natale et qu'il existe sur place un sympathique hôtel nommé *La Bussola* ne font qu'accentuer cette jolie légende.

Mais « il se peut, ajoute Henri Michel, que dans cette colonie normande quelqu'un ait perfectionné l'instrument jusque-là rustique : le petit barreau aimanté, attaché à un fétu qui flottait au milieu d'un bol d'eau, aurait été alors remplacé par l'aiguille pivotante que nous connaissons encore. »

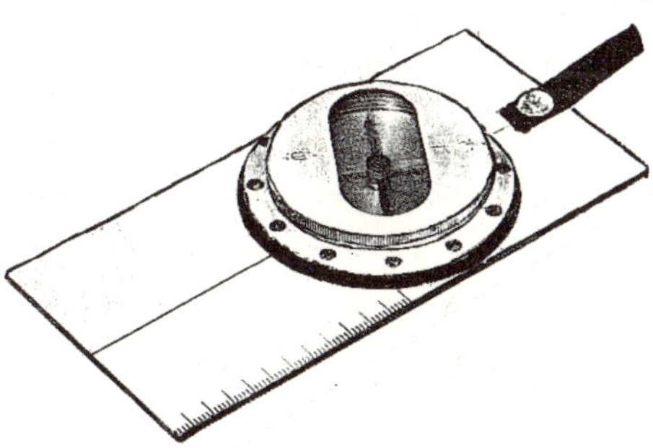

Représentation du prototype de boussole d'orientation Silva, conçu en 1928 par le coureur d'orientation suédois Gunnar Tillander. À partir d'une plaque à graduation angulaire repensée et d'un boîtier rempli de liquide, on venait de créer un système d'orientation révolutionnaire

Une préparation militaire

Le bon usage de la carte, enfin précise, et de la boussole pour en faire un « jeu » ou un sport, n'a lui non plus aucune date précise. On peut supposer que l'art militaire était logiquement grand amateur de ces données et de cet instrument. L'introduction d'une échelle aux cartes (les premières sont au 1/100 000e) va donc apporter beaucoup plus de précisions dans les déplacements.

Dans son ouvrage sur la course d'orientation, l'Allemand Heiner Brinkmann[2],

2. BRINKMANN (Heiner), *Orientierungssport*, Wilhem-Limpert-Verlag, Francfort, 1967.

Fin XIXe, les militaires furent parmi les premiers à utiliser des cartes détaillées. Liées au développement des transmissions, elles servirent en particulier à l'artillerie (Ph. DR)

explique que « les *Sinnübungen* (sortes d'exercices d'orientation) décrits par Guts Muths en 1817 dans son ouvrage intitulé *Turnbuch für die Söhne des Vaterlandes* (Manuel de gymnastique pour les fils de la patrie) peuvent être considérés à juste titre comme les débuts de la course d'orientation ». Même si leur aspect paramilitaire (jeux tactiques, courses de patrouille) nous éloigne de l'esprit sportif, leur intérêt réside dans leur côté pédagogique avec des objectifs qui correspondent, dans leur ensemble, à ceux de la course d'orientation (CO) moderne : « amélioration des capacités physiques, contact avec la nature et entraînement des facultés intellectuelles à l'aide de tâches données. »
Ce sont encore des militaires d'Europe septentrionale qui réellement donneront la première impulsion à ce futur sport, vers 1850, avec l'apparition d'« exercices d'observation ». On estime généralement que les premières cartes précises étaient les *ordnance maps* (cartes d'état-major), documents secrets exclusivement militaires, jusqu'en 1857. C'est pourquoi, lors des premières courses, les participants ne disposaient que d'un descriptif écrit. L'intérêt fut réel et vers la fin du XIXe siècle, on note l'apparition de plusieurs clubs de sport développant cette activité. Les athlètes y trouvaient un excellent moyen d'entraînement hors saison, avec un but différent, proche du loisir. Mais la précision manquait quant à l'interprétation des divers repères sur la carte, et les épreuves ressemblaient parfois à des jeux de devinettes.
Officiellement, la première course d'orientation eut lieu en Norvège, le 13 mai 1897, près de Bergen, puis l'année suivante à Oslo. En 1900, c'est une course-relais d'orientation à ski qui a lieu

en Suède. « Si, au début, explique Heiner Brinkmann, l'accent est mis sur les exigences physiques – les concurrents doivent parcourir des trajets partiels allant jusqu'à 50 kilomètres – une plus grande importance est attachée au facteur orientation, surtout ces dernières années. »

Les Scandinaves enthousiastes

La CO renaît en Suède, après la Première Guerre mondiale. Le travail de forcing du coureur Ernst Killander finit par payer auprès de la Fédération suédoise d'athlétisme qui se rallie à ce sport. Le 25 mars 1919, la course de Stockholm enthousiasme à tel point ses 220 participants qu'une deuxième épreuve a lieu la même année au mois de novembre. « La gratuité et les conditions de participation très souples, commente Brinkmann, ne sont pas étrangères à l'évolution qui, dans les pays nordiques, permet à la course d'orientation de devenir rapidement un sport populaire. Le slogan "Viens tel que tu es" des premières années a rencontré un écho très favorable dans l'opinion publique. »

La Finlande, puis la Norvège, sont gagnées par le mouvement. Mais c'est surtout en Suède que la CO se développe d'une manière plus technique, avec des méthodes d'entraînement plus efficaces et un équipement, du matériel et des cartes plus perfectionnés. L'année 1933 voit l'orientation s'étendre en Suisse et en Hongrie, puis c'est l'Allemagne où l'on encourage sa pratique en organisant des championnats régionaux, enfin l'URSS où une première course a lieu en 1939. Même pendant les années 40, la course d'orientation poursuit son ascension. En France, elle fait son entrée en 1941, sous forme de « cross orientation », mais seul le mouvement scout poursuit sa pratique. Les compétitions se développent en Suède, au Danemark et en Suisse. Ainsi, à Zurich, une course réunit en 1942 500 équipes de 4 coureurs. « Dans ce pays, ajoute Brinkmann, pendant la Seconde Guerre mondiale la course d'orientation constitue un excellent moyen d'enrichir l'instruction prémilitaire facultative. On peut affirmer sans contredit que cette institution, chargée de l'éducation physique des jeunes gens en âge postscolaire, et dont les responsables encouragent la pratique de la course d'orientation, contribue fortement à l'essor de cette dernière. »

La conquête mondiale

Une fois la paix retrouvée, c'est un véritable boom mondial avec son introduction dans de nombreux pays : États-Unis, Canada, Grande-Bretagne, Belgique, Brésil, Australie, Espagne. Dans les pays nordiques, on s'organise, et la création d'un organisme commun permet de travailler à l'élaboration d'un règlement pour les rencontres internationales, ainsi que la mise en place de championnats nordiques. Les autres préoccupations concernent l'amélioration des cartes et un travail de sensibilisation pour développer ce sport.

Reconnue par le Comité olympique international (CIO), la course d'orientation poursuit sa conquête en Europe : 1950, Tchécoslovaquie ; 1953, Yougoslavie ; 1955, Bulgarie ; 1956, RDA ; 1958, RFA. Puis, c'est la naissance en 1961 à Copenhague de la Fédération internationale de course d'orientation (IOF) et l'organisation, l'année qui suit, d'un Championnat d'Europe à Löten en Norvège. Quant aux Championnats du monde, leur première édition se dispute en Finlande en 1966.

Des débuts français difficiles

En France, la CO a toujours du mal à s'implanter. Plusieurs « cross orientation » sont mis sur pied entre 1957 et 1960 par la Fédération française de culture physique dans les régions de Bordeaux, Aix-en-Provence et Poitiers. Cinq ans plus tard, le secrétariat d'État à la Jeunesse s'y essaye une nouvelle fois en organisant deux courses de démonstration à Compiègne et Gérardmer. Sans grand succès. Pas plus que les courses organisées à la même époque dans les Vosges et en région parisienne par des Suédois en vacances.

Le salut viendra des militaires qui s'intéressent à ce sport. Le colonel Grandjean de l'École interarmées des sports de Fontainebleau organise, en mars 1968, une épreuve dans la région, qui est remportée par Jean-Luc Toussaint. Depuis cette année-là, la course d'orientation est inscrite au programme de formation des moniteurs militaires d'éducation physique. L'année suivante paraît *Initiation à la course d'orientation* signée du colonel Pierrard, qui sera longtemps la bible des orienteurs français. Présente au Championnat du monde militaire (CISM) de 1969, la France termine septième sur huit équipes.

1970 verra la naissance de la Fédération française de course d'orientation (FFCO) avec, comme premier président, Bernard Stasi, et une première orientation vers les écoles avec la publication d'une brochure d'initiation destinée au primaire par la Ligue française d'éducation permanente. Les premiers Championnats de France militaire et civil de 1971 verront la consécration de J.-L. Toussaint et de J.-C. Silvestre.

Les années qui suivront seront consacrées à la structuration de la Fédération (calendriers, créations de ligues, stages) et à son développement, en particulier sur le plan des compétitions. En 1981, la FFCO compte près de 5 000 licenciés. Deux ans plus tard, ils sont le double. La France commence à être considérée comme un partenaire sérieux. On lui confie le Championnat du monde militaire en 1985, qui se déroule en Aquitaine, puis une étape de Coupe du monde en 1986, l'organisation des XIIe Championnats du monde, qui se déroulent en 1987 à Gérardmer, et enfin, en 1992, les Championnats du monde de CO à ski qui ont lieu à Pontarlier. La Fédération française de course d'orientation représentait en 1996 : 171 clubs, 46 comités départementaux, 18 ligues régionales, 30 000 licenciés et plus de 250 000 pratiquants.

En France, après des débuts difficiles, ce sport a gagné une importante couche de la population. On compte aujourd'hui 250 000 pratiquants (Ph. FFCO)

Première partie

LES TECHNIQUES DE LA COURSE D'ORIENTATION

Lire une carte

La lecture de la carte est la base de la course d'orientation. L'orienteur doit savoir interpréter les signes et les symboles dessinés sur le papier et les traduire en images, c'est-à-dire les retrouver dans la réalité. En fonction de ces données abstraites, le coureur étudie la possibilité d'un parcours qui se jouera des obstacles du relief et lui permettra d'aller le plus rapidement possible d'un point à un autre.
Aux origines de la course d'orientation en France, on utilisait des cartes au 1/20 000e ou 1/25 000e de l'Institut géographique national. Ces cartes se sont vite révélé insuffisantes pour l'orientation à pied. Leurs mises à jour étaient trop espacées, de plus l'orientation moderne demandait des informations plus détaillées et plus précises que celles fournies par les anciennes « cartes d'état-major ».
Aussi les orienteurs se sont mis à compléter les cartes existantes pour les transformer en cartes de CO. Ces cartes d'orientation constituent l'équipement fondamental d'une forêt pour la mise en place de postes permanents, des entraînements ou des compétitions.
Chaque année, la Fédération française de course d'orientation édite donc des cartes d'orientation très spécifiques. Elles sont disponibles au sein des clubs et des offices du tourisme. Lors des rencontres, les balises à poinçonner sont réparties sur des circuits selon la difficulté. Elles sont identifiées sur les cartes par un rond rouge. Il convient alors de gérer son itinéraire en fonction des obstacles naturels décelés par une bonne lecture de la carte.

La carte de CO

Dans le chapitre consacré à l'équipement (voir p. 47 à 54), nous passerons en revue toutes les cartes existantes pour ceux qui veulent évoluer dans le milieu naturel. Mais les cartes d'orientation sont tout à fait particulières puisqu'elles sont réalisées à une échelle très importante pour donner le maximum de détails sur le lieu où doivent évoluer les orienteurs.
Ainsi une carte de course d'orientation est :
– *la plus complète possible :* on y trouve tout un réseau de chemins allant jusqu'aux plus fines ramifications, les clôtures, les trous, les fossés, bornes, pierres… ;
– *la plus exacte possible :* surtout dans la représentation du relief. L'équidistance (la séparation entre les courbes de niveau qui indique les différences de relief) est plus petite ; les détails les plus infimes du relief sont mentionnés ;
– *la plus simple possible :* l'échelle plus grande (du 1/15 000e au 1/5 000e) est d'une grande lisibilité ;

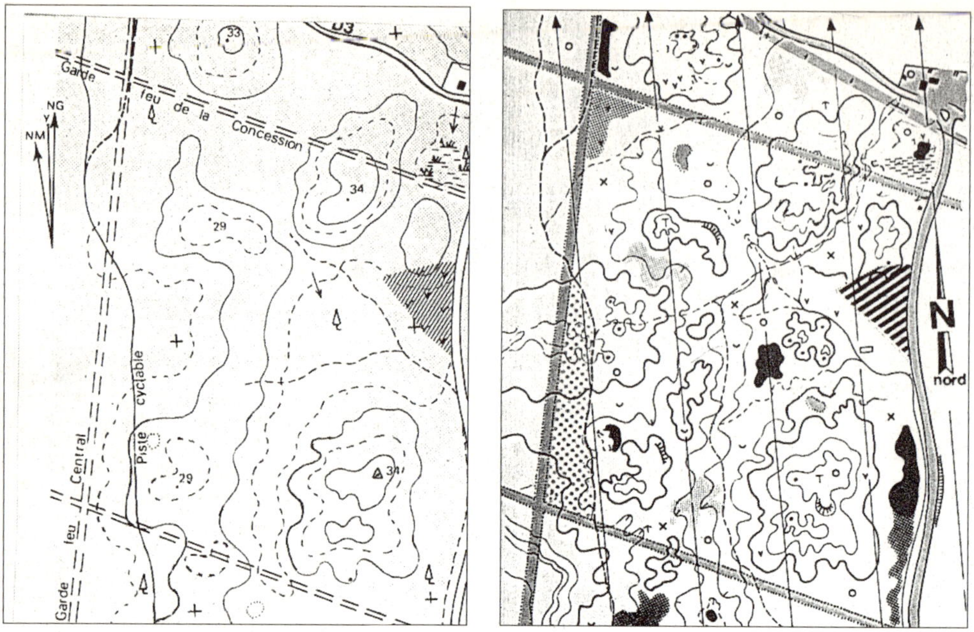

Les cartes IGN (à gauche) se sont révélées insuffisantes pour l'orienteur qui utilise une carte beaucoup plus détaillée qui offre le maximum d'indications et repères, en particulier au niveau des couleurs (Doc. FFCO)

– *utile à la protection de la nature :* les zones en régénération, les friches, les fourrés, les refuges de gibier, les clôtures y ressortent clairement et peuvent par conséquent être contournés ;

– *pratique :* le nord magnétique est représenté par des traits parallèles bleus ou noirs, équidistants de 500 m.

Une carte de CO est donc une carte topographique ultra-détaillée qui représente à la fois le relief, la nature du terrain et des sols, la pénétrabilité d'une forêt, la densité d'un sous-bois, l'hydrographie, les constructions, le réseau des voies de communication et tout détail caractéristique pouvant aider le coureur à se diriger.

Pour les cartographes, la Fédération internationale de course d'orientation (IOF)[1] a multiplié les précisions.

1. *Codification internationale pour les cartes de course d'orientation*, éditée en 1990 par la Fédération internationale de course d'orientation (Radiokatu 20, FI-00093 SLU, Finlande).

Les *différents types de sol* : les limites entre les différents types de surface au sol fournissent au coureur d'excellents points de référence. C'est pourquoi les cartes CO soulignent les limites des marécages, des sols fermes, des champs de grosses pierres et des sols rocailleux.

Le *relief* du terrain est l'un des aspects les plus importants d'une carte de CO. La précision des courbes de niveau permet de donner une image tridimensionnelle du terrain, forme et dénivelée.

Le *degré de pénétrabilité* et l'importance du boisement affectent le choix d'itinéraire et la vitesse de course. La carte apporte donc toute information utile concernant les possibilités de progression en classifiant sentiers et pistes, en indiquant les possibilités de franchissement des marais, cours d'eau, faces rocheuses et forêts denses, ainsi que la pénétrabilité de la forêt et des zones découvertes.

La carte CO doit comporter aussi bien la nature du terrain, ici boisée, que son degré de pénétrabilité (Ph. OT Pays de Bitche)

La carte apporte toute information concernant les obstacles et leur possibilité de franchissement (Ph. DR)

Apprendre et comprendre les symboles

Qu'il s'agisse des lignes de courbes de niveau donnant un aspect du relief plus ou moins accentué, de couleurs représentant les caractéristiques du sol et de sa végétation, ou de représentations stylisées d'un bâtiment, d'une voie de communication ou d'un cours d'eau, il est nécessaire de traduire aussitôt cette représentation en un élément réel sur le terrain.
Il s'agit donc, dans un premier temps, de lire et traduire ces symboles.
Vous en trouverez la liste complète se trouvant en fin d'ouvrage, à la page 153.
D'autre part, dans des fiches d'évaluation (voir cahier couleur) destinées à l'initiation, nous retrouverons l'ensemble de ces graphismes et les couleurs conventionnelles.

Les courbes de niveau donnent un aspect précis du relief. On comprend ici l'analyse technique de ces deux mamelons et leur transformation de trois en deux dimensions. Ce travail technique est désormais réalisé sur ordinateur et tables traçeuses (Doc. FFCO)

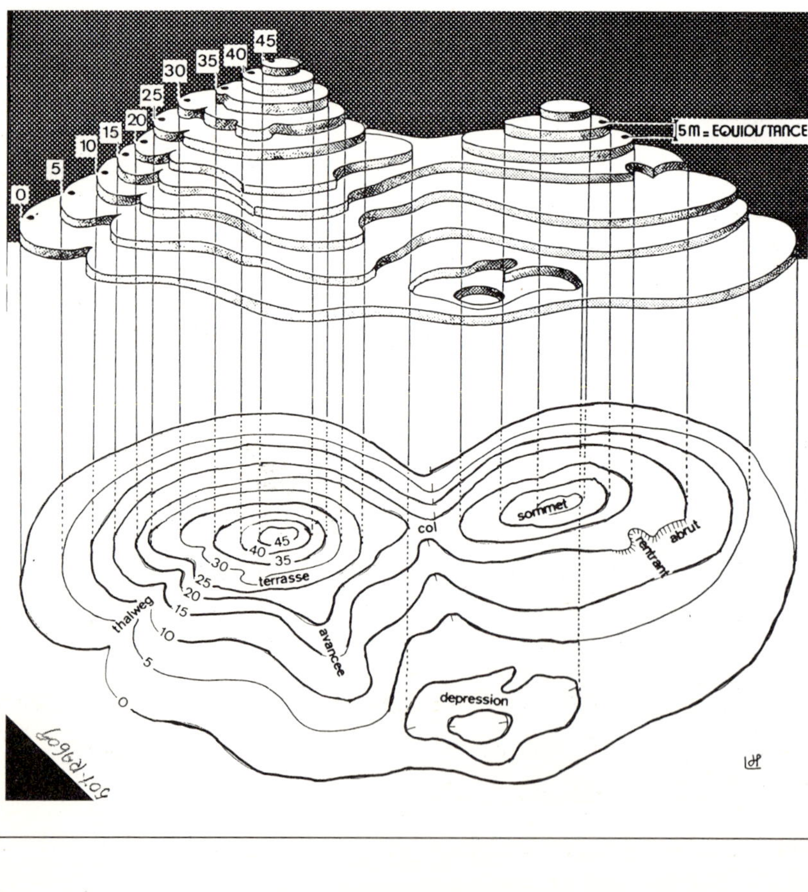

Mise en pratique

Le premier geste du débutant en orientation est donc de « s'informer pour évaluer les incertitudes d'un déplacement », explique Jacky Ribeyre, professeur d'EPS et spécialiste de la CO[2]. Pour se faire, chacun doit :
- prendre des repères proches et lointains ;
- faire une observation sélective ;
- établir la relation carte/terrain ;
- maîtriser des symboles ;
- prendre en compte des repères significatifs ;
- orienter la carte par rapport aux éléments ;
- savoir apprécier les distances et le temps, etc.

Le cheminement pour débuter dans la pratique sera simplifié à trois niveaux de base[3].

Niveau 1
L'orienteur reste sur des lignes directrices[4] (chemin, sentier, ligne électrique, lisière de bois, rivière) facilement identifiables sur la carte et dont les repères sur le terrain, restent dans son champ visuel.

Niveau 2
L'orienteur se hasarde sur des lignes plus complexes (petit sentier, haie, alignement d'arbres, fossé, talus) et tout terrain proche des lignes. Les repères ne sont pas dans son champ visuel, mais ils restent très significatifs par rapport à la carte (rocher, point d'eau, maison isolée…) lui servant de point d'arrêt[5] et d'attaque[6].

Niveau 3
L'orienteur se déplace sur tous les terrains en quittant les lignes. Il raisonne sur ce qu'il va trouver et les repères sont pour lui des sources d'appuis et de vérification de ses choix d'itinéraire.

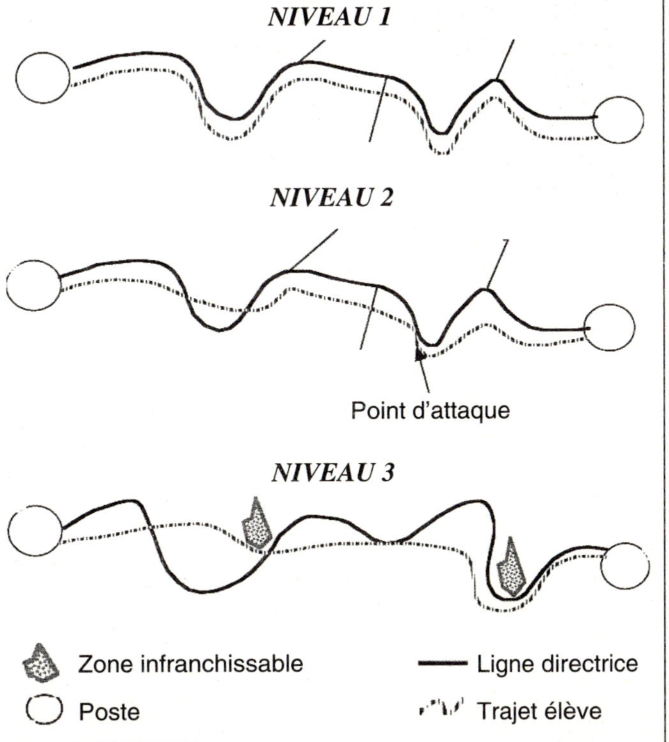

(Doc. BG/UGSEL)

2. Dossier spécial « Course d'orientation », *Sport Éducation* n° 67.

3. *Cf.* la progression d'apprentissage de la FFCO.

4. La ligne directrice, appelée aussi fil conducteur ou main courante, est une ligne caractéristique marquée sur la carte : chemin, rivière, ruisseau, fossé, sentier GR…

5. Ligne ou point d'arrêt : élément remarquable à ne pas dépasser.

6. Ligne ou point d'attaque : élément remarquable à proximité d'un poste, d'une ligne.

Le circuit

Les postes disposés en circuit sont marqués sur la carte par des cercles rouges, le départ par un triangle, l'arrivée par deux cercles concentriques.
Sur le terrain, ils sont matérialisés par une balise rouge et blanche définie par un contrôle (lettre-code, pinces...).
Ces postes sont placés à des endroits caractéristiques du terrain représentés sur la carte. On trouvera dans les annexes, en fin d'ouvrage, les symboles de description des postes de contrôle, établis en langage universel (dessin). L'orienteur témoigne de son passage aux postes en perforant son carton de contrôle (ou en recopiant la lettre-code).
Les circuits de longueur variable, suivant la catégorie et la classe, sont à exécuter dans l'ordre imposé, le plus rapidement possible.

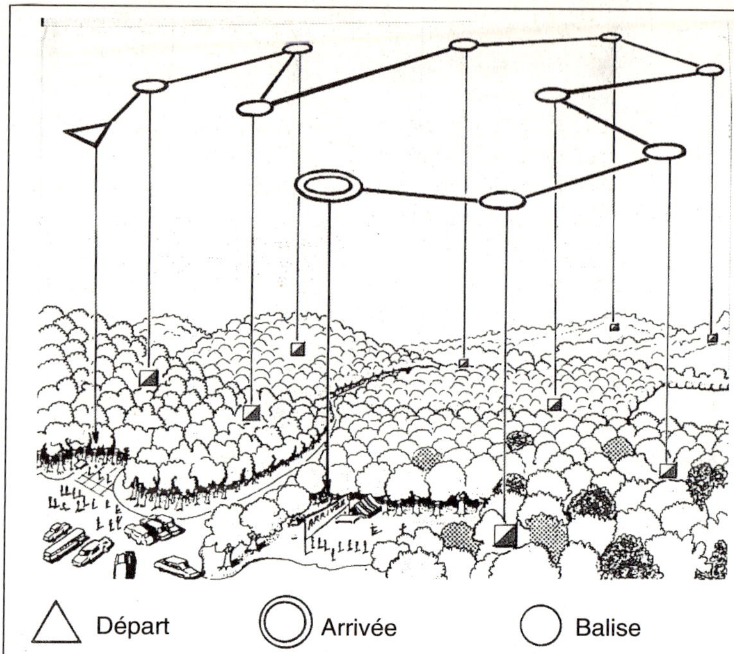

Un triangle au départ, un double cercle à l'arrivée et des simples cercles pour symboliser les balises, voilà comment se présente un parcours dans la réalité (Doc. FFCO)

Sur la carte, vous aurez les mêmes indications de balises. À vous de trouver le chemin (Doc. FFCO)

LES POSTES DE CONTRÔLE

Les postes de contrôle doivent être composés de :
– une toile à 3 faces : chaque face mesure 30 x 30 cm et comporte un triangle rectangle blanc et un autre de couleur orange ;
– le numéro de code du poste : ce numéro ne peut être inférieur à 31 et doit exclure les chiffres qui peuvent prêter à confusion quand ils sont lus à l'envers, c'est-à-dire : 66, 68, 86, 89, 98, 99 (toutefois le 99 peut être utilisé pour le dernier poste). Les chiffres doivent être d'une hauteur minimale de 6 cm ;
– un nombre suffisant de dispositifs de marquage identiques.
Le dispositif d'installation du poste dépend du type d'épreuve et de la discipline. Le modèle indiqué sur le dessin ci-dessous est l'exemple type. L'autre modèle (suspendu) est particulièrement bien adapté aux compétitions à ski ou à VTT.

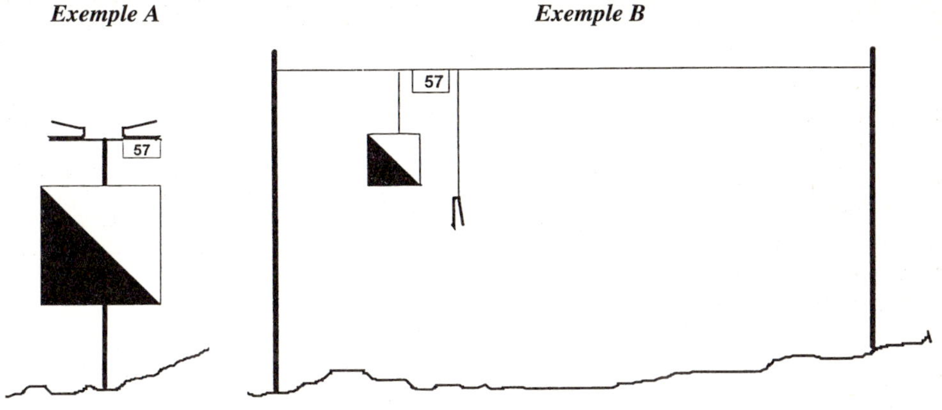

Modèles de postes de contrôle : A, traditionnel ; B, suspendu, destiné en particulier au VTT et ski d'orientation (Doc. FFCO)

Les postes de contrôle sont parfois placés dans de curieux endroits comme au milieu d'un cours d'eau (Ph. DR)

Le choix d'itinéraire

En course d'orientation, il y a plusieurs chemins pour aller d'un poste à un autre. En compétition, le choix de l'itinéraire est primordial. Le chemin le plus rapide n'est pas toujours la ligne droite. L'orienteur examinera soigneusement les difficultés du terrain et les obstacles plus caractéristiques, avant d'établir un ou plusieurs parcours possibles. Son appréciation sur la durée de chaque itinéraire est essentiel.

Les spécialistes disent souvent qu'une bonne vitesse de pointe ne suffit pas pour gagner une course, c'est sur la carte que se joue la victoire. Pour Michel Gueorgiou, entraîneur national, l'avantage est dans le camp de « celui qui possède une lecture de carte lui permettant d'enchaîner en approche et en sortie de poste, d'enchaîner sur l'itinéraire et surtout de ne pas faire d'erreurs ! » Pour lui, il s'agit de transformer toutes les informations cartographiques et environnementales pour élaborer un « itinéraire mental tactique (IMT), tactique parce qu'influencé également par des considérations d'ordre général, relatives à des décisions prises avant la course en question : type de terrain et type de traçage probable, consignes de l'entraîneur ou conseils du copain, et, surtout, expériences personnelles dans un contexte similaire. »

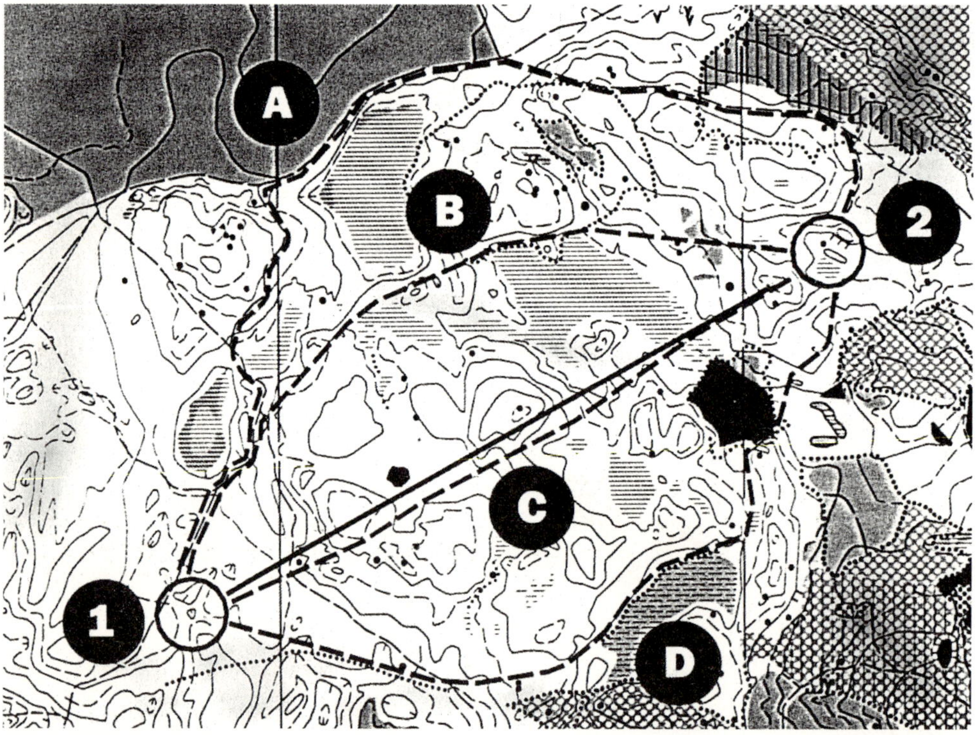

L'orienteur doit se rendre de la balise 1 à la balise 2. Quatre possibilités s'offrent à lui : A, B, C et D. Chacune de ces routes tient compte de la nature des terrains (par exemple, marécageux au centre) ou des possibilités d'utilisation de chemins déjà tracés. On comprend, ici, tout le principe de la course d'orientation (Doc. Suunto)

Des situations d'entraînement

L'entraîneur national propose un certain nombre de situations d'entraînement sur un site cartographié, dont nous reproduisons ici les grandes lignes.

Établissez votre propre parcours : choisissez sur la carte des postes évidents : clôtures, constructions, carrefours, etc., puis réalisez les parcours partiels ainsi déterminés.

Comparez les itinéraires : certains de ces parcours partiels peuvent faire l'objet de comparaisons d'itinéraires. Dans ce cas, revenez au point de départ par le même itinéraire qu'à l'aller.

Fixez-vous des objectifs : avec une carte vierge, courez selon des azimuts et des durées déterminées et resituez-vous sur la carte le plus vite possible.

Améliorez votre relation carte/terrain : surlignez sur la carte un itinéraire suivant des lignes telles que les fossés, sentiers, ruisseaux, etc. avec de nombreux changements de direction, sollicitant une relation carte/terrain presque constante.

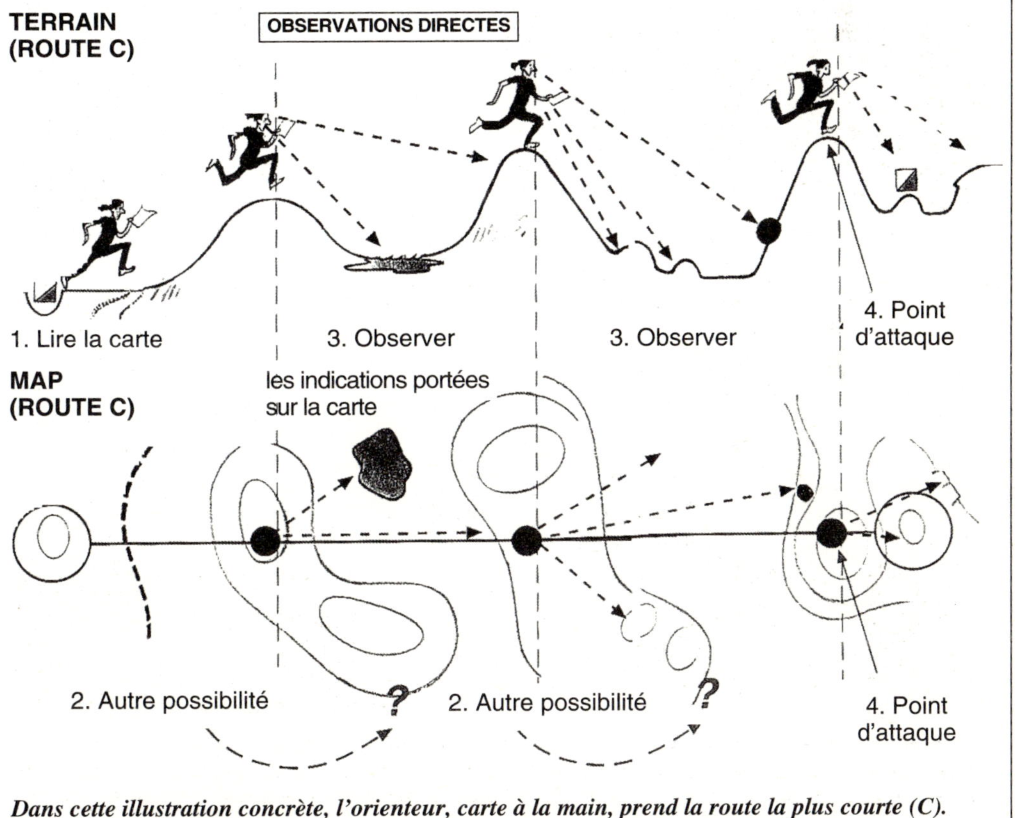

Dans cette illustration concrète, l'orienteur, carte à la main, prend la route la plus courte (C). En chemin, il observe les repères qui lui indiquent qu'il est dans la bonne direction

Avant le départ, choisissez le meilleur parcours en comparant les itinéraires et mémorisez le trajet (Ph. B. Grelon)

Mémorisez le trajet : surlignez sur la carte un itinéraire plus simple et efforcez-vous d'espacer au maximum les coups d'œil à la carte.

Utilisez d'autres cartes : si vous allez dans une région ne disposant pas de cartes de CO, faites une orientation sommaire en utilisant des cartes IGN au 1/50 000e ou au 1/25 000e.

Travaillez même en ville : à condition de choisir ses heures d'entraînement et des zones compatibles avec une circulation sans danger, un plan de ville peut permettre parfois un entraînement d'orientation sommaire, surtout lorsqu'il a lieu dans une ville ou partie de ville inconnue et de nuit.

Apprenez à lire en courant : les muscles de l'œil sollicités par l'accommodation s'entraînent comme les autres muscles. S'entraîner à regarder devant soi pendant la course, puis la carte, et inversement, vous fera gagner beaucoup de temps.

Travaillez le mental : pour prendre des décisions rapides, entraînez-vous à fabriquer votre IMT, en multipliant les choix d'itinéraires.

Améliorez votre mémoire : entraînez-vous à reproduire sur une feuille blanche tout ou partie de votre entraînement, l'itinéraire ou les itinéraires mémorisés. L'expérience montre que la qualité de reproduction est directement fonction du degré d'expertise du coureur, c'est-à-dire la prise en compte prédominante de la planimétrie par rapport au relief.

Multipliez les expériences : c'est dans la pratique que vous apprendrez à faire le bon choix (et le plus vite possible) dans les multiples décisions auxquelles vous devez faire face : alternances de vitesse, choix de repères, utilisation de la boussole, comptage des foulées, erreur volontaire, etc.

Une approche pédagogique

Pour une meilleure compréhension du sujet, nous vous proposons quelques exercices d'initiation établis par des enseignants.

1. DÉCOUVERTE DE LA CARTE EN FORÊT SOUS CONDUITE

BUTS

- Connaissance des signes conventionnels.
- Comparaison carte-terrain.
- Définition de certains termes.
- Conseils de sécurité.

Exécution

L'initiateur mène le groupe sur un trajet comportant beaucoup de particularités.
Il pose des questions sur chaque élément : définition de l'élément, sa nature ; possibilité de symbolisation, son emplacement par rapport à d'autres éléments.
Les élèves possèdent soit une carte et trouvent l'élément, soit une feuille blanche et dessinent les symboles.
L'initiateur donne également des conseils de sécurité :
– heure de retour ;
– direction du soleil ;
– ligne d'arrêt (pourtour de la carte à ne jamais dépasser) ;
– en cas d'accident, il faut rester au poste ;
– si vous êtes égaré, le mieux est de rester sur un chemin sans bouger.

2. RELEVÉ D'ITINÉRAIRE

Buts

• Perfectionnement de la lecture de la planimétrie et des lignes naturelles.

• Orientation de la carte.

• Se diriger sur un itinéraire imposé en observant tous ses détails.

Exécution

Itinéraire imposé de difficultés variables. Suivre l'itinéraire en utilisant les repères de planimétrie pour positionner avec précision sur la carte (petit trait sur itinéraire) les balises qui seront découvertes. Cet exercice a l'avantage de pouvoir être exécuté même si les coureurs connaissent carte et forêt.

En forêt, chacun doit étudier les divers éléments qui caractérisent le trajet comme ici, en Pays de Bitche, la facilité de pénétration (Ph. OT Pays de Bitche)

3. RELEVÉ D'ITINÉRAIRE SUR NIVELLEMENT

Buts

• Perfectionnement du relief.

• Orientation de la carte par rapport au terrain.

• Apprendre à se situer et à se diriger, tout en contrôlant les éléments immédiats de nivellement.

Exécution

• Comparaison carte-terrain (relief).

• Relief très simple linéaire, puis ponctuel.

• Suivre l'itinéraire défini en relevant sur la carte (petits traits sur l'itinéraire) le positionnement exact des balises rencontrées.

• Carte complète ou carte aux courbes.

4 . SUIVRE UNE COURBE DE NIVEAU

Buts

• Lire et interpréter le dessin des courbes de niveau.

• Rester à la même hauteur.

• Définition de certains termes.

Exécution

• Choisir un relief caractéristique, si possible en forêt aérée ou clairière.

• Courir en suivant une courbe, basse, haute, à flanc (sans carte).

• Comparaison avec la carte à l'arrivée.

5. COURSE DE POSTE AVEC UNE CARTE AUX COURBES DE NIVEAU

Buts

• Sûreté dans la lecture du nivellement.

• Choix de l'itinéraire.

• Contrôle de la direction (orientation de la carte).

Exécution

6 à 7 postes très visibles sur des éléments marquants du terrain.

6. PARCOURS SUBDIVISÉ

Buts

• Accoutumance progressive à une orientation individuelle.

• Choix de l'itinéraire.

Exécution

Le parcours est exécuté à deux. Le parcours partiel « A » doit être exécuté par les deux coureurs ensemble, le parcours « B » exécuté individuellement, les 2 coureurs se retrouvant en « C ».

7. ESTIMATION DE LA DISTANCE

Buts

Former et développer le sens de la distance parcourue.

Exécution

Plusieurs parcours déterminés sont suivis sur le terrain.
On utilisera au début des chemins en terrain plat pour passer en tout terrain, jusqu'à utiliser des cheminements traversant des pentes raides et peu dégagées.
Avant l'exercice, chaque coureur étalonnera sa foulée sur différents terrains de référence.

Notions de traçage

Qu'est-ce qu'un traceur ?

Le traceur est celui qui prépare les circuits. C'est l'homme clé dans la préparation d'une course. De lui va dépendre tout l'intérêt de celle-ci.
Un bon traceur doit savoir aider au mieux les coureurs à s'orienter dans le meilleur laps de temps.
Il doit pouvoir donner un niveau technique précis du parcours, adapté au niveau du coureur. Il doit être également imaginatif, car en donnant une carte où les données seraient trop faciles ou trop difficiles, le sportif pourrait se trouver frustré, déçu, et même aller jusqu'à l'abandon.
La course d'orientation consistant à s'orienter en lisant bien une carte et en choisissant le meilleur itinéraire tout en courant, il est important que le circuit soit à même de permettre de développer les capacités des concurrents, tant par la réflexion que par leur rapidité de lecture.
Les difficultés de lecture de la carte et du parcours ne seront pas les mêmes selon qu'il s'agira de courses de minimes, benjamins, ou vétérans. La compétition doit être équitable, et l'orienteur doit pouvoir lire sa carte rapidement dans sa totalité pour visualiser globalement son parcours et de façon plus précise près du poste, car le coureur n'a pas le droit de s'arrêter ou de marcher pendant la course, sauf aux endroits convenus.

Rôle du traçage

« Un bon traçage, la boussole devant être employée pendant toute la course, doit permettre au coureur de maintenir sa direction sans le recours à des parcours partiels "à boussole" », nous dit Ivor Noot, champion de course d'orientation et membre de la commission technique de l'IOF[1].
Pour les débutants, le traceur se doit de simplifier le parcours, car ce qui compte, c'est de terminer la course dans les temps. Pour les autres, le traceur doit inciter l'orienteur à suivre l'itinéraire le plus court en utilisant les courbes de niveau. Pour les dames, le parcours sera moins long. Pour les vétérans, la technique l'emportera sur le physique, mais en donnant une carte bien lisible. Le traceur proposera différents choix d'itinéraires.
Le départ de la course se fera à l'endroit qui permet de profiter au mieux du terrain, et les postes ne seront pas faciles en début de parcours (sauf pour les débutants).
Les balises seront placées en fonction des précisions de la carte : près du sol, si celle-ci est riche en détails, plus hautes, si elle est imprécise et en fonction de la nature de la végétation. La balise doit marquer la fin d'un parcours partiel et le commencement du suivant.

1. *Orientation Magazine*, n° 10, octobre 1993.

Quelques choix possibles pour un traceur (Doc. FFCO)

CODIFICATION INTERNATIONALE POUR LES CARTES DE COURSE D'ORIENTATION

SYMBOLE			
			201 Falaise infranchissable
PMS 471			202 Colonne rocheuse et falaise
	101 Courbe de niveau		203 Falaise franchissable
	102 Courbe de niveau maîtresse		204 Trou rocheux
	103 Courbe de forme		205 Caverne ou grotte
	104 Tiret de pente		206 Bloc rocheux
225	105 Cote sur les courbes de niveau		207 Grand bloc rocheux
	106 Abrupt de terre		208 Zone rocheuse
	107 Levée de terre		209 Groupe de rochers
	108 Petite levée de terre		210 Pierrier
	109 Ravin		211 Terrain sablonneux découvert
	110 Petit ravin		212 Affleurement rocheux
	111 Colline	PMS 299	
	112 Butte		301 Lac
	113 Dépression		302 Mare
	114 Petite dépression		303 Trou d'eau
	115 Trou		304 Rivière infranchissable
	116 Terrain accidenté		305 Cours d'eau franchissable
	117 Détail particulier de forme de terrain		306 Petit cours d'eau franchissable
.236	118 Point d'altitude		307 Cours d'eau secondaire

CODIFICATION INTERNATIONALE POUR LES CARTES DE COURSE D'ORIENTATION

308 Marais étroit	413 Vignoble
309 Marais infranchissable	414 Limite nette de terrains cultivés
310 Marais	415 Terrain cultivé
311 Marais peu visible	416 Limite de végétation distincte
312 Puits	417 Limite de végétation peu distincte
313 Source	418, 419 Eléments particuliers de végétation
314 Elément d'eau particulier	NOIR
PMS 136 PMS 361	501 Autoroute
401 Terrain découvert	502 Route principale
402 Terrain découvert avec arbres dispersés	503 Route secondaire
403 Terrain découvert encombré	504 Route
404 Terrain découvert encombré avec des arbres dispersés	505 Chemin carrossable
405 Forêt: course facile	506 Chemin
406 Forêt: course ralentie	507 Sentier
407 Sous-bois: course ralentie	508 Sentier peu visible
408 Forêt: course difficile	509 Layon étroit
409 Sous-bois: course difficile	510 Jonction visible de chemins
410 Végétation: course très difficile, impénétrable	511 Pont piéton
411 Forêt permettant une vitesse de course normale dans une seule	512 Passage avec un pont
412 Verger	513 Passage à gué

CODIFICATION INTERNATIONALE POUR LES CARTES DE COURSE D'ORIENTATION

514	Jonction peu visible de chemins	534	Tombe
515	Layon large	535	Conduite franchissable
516	Chemin de fer	536	Conduite infranchissable
517	Ligne électrique	537	Haute tour
518	Ligne à haute tension	538	Petite tour
519	Tunnel	539	Borne
520	Mur en pierre	540	Mangeoire
521	Mur en ruine	541, 542	Eléments particuliers dus à l'homme
522	Haut mur en pierre	VIOLINE	
523	Clôture	601	Départ
524	Vieille clôture	602	Poste de contrôle
525	Haute clôture	603	Itinéraire balisé
526	Passage à travers une clôture	604	Arrivée
527	Construction	605	Frontière interdite
528	Zone d'habitations	606	Point de passage
529	Zone toujours interdite	607	Zone interdite
530	Parking	608	Zone dangereuse
531	Ruine	609	Itinéraire interdit
532	Piste d'athlétisme	610	Poste de secours
533	Champ de tir	611	Point de ravitaillement

FÉDÉRATION FRANÇAISE DE COURSE D'ORIENTATION

Fiche d'évaluation
Exercice N° 1

Symboles et Couleurs Conventionnels

légende

- Courbe de niveau.
- Courbe maîtresse.
- Courbe intermédiaire.
- Sens de la pente.
- Côte.
- Abrupt (de terre).
- Talus (de terre).
- Vestige de talus (de terre).
- Ravin.
- Fossé.
- Colline.
- Butte.
- Dépression.
- Petite dépression.
- Trou.
- Zone de buttes, de trous.
- Objet particulier du terrain.
- Point côté. (. 365)
- Barrière rocheuse infranchissable.
- Piliers rocheux.
- Falaise franchissable.
- Trou rocheux.
- Grotte - Caverne.
- Rocher (1 m.).
- Gros rocher.
- Champs de blocs rocheux.
- Groupe de rochers.
- Sol rocailleux.
- Terrain sablonneux ouvert.
- Affleurement rocheux.
- Tas de pierres.
- Rochers épars.
- Lac.
- Etang - Mare.
- Trou d'eau.
- Rivière infranchissable.
- Cours d'eau franchissable.
- Ruisseau franchissable.
- Ruisselet.
- Ruisselet intermittent.
- Fossé humide - Marais étroit.
- Marais infranchissable.
- Marais.
- Forêt marécageuse.
- Réservoir.
- Puits - Fontaine.
- Source.
- Objet particulier hydrographique.
- Passerelle.
- Ponceau.
- Passage à gué.
- Départ.
- Poste.
- Arrivée.
- Itinéraire.
- Itinéraire balisé.
- Passage obligé.
- Zone interdite.
- Chemin interdit.
- Danger.

- Autoroute.
- Route principale.
- Route.
- Route forestière.
- Chemin d'exploitation.
- Chemin.
- Sentier.
- Sentier peu visible.
- Jonction visible.
- Jonction peu visible.
- Laie forestière étroite.
- Laie forestière large.
- Voie ferrée.
- Ligne électrique.
- Passage souterrain.
- Mur.
- Mur en ruine.
- Clôture infranchissable.
- Clôture.
- Clôture en ruine.
- Point de passage.
- Bâtiment.
- Zone bâtie.
- Zone interdite.
- Aire de parking - de jeux.
- Ruine.
- Terrain de sports.
- Champ de tir.
- Pierre tombale - Calvaire.
- Cimetière.
- Haute tour.
- Affût de chasse.
- Borne.
- Point trigonométrique.
- Mangeoire.
- Charbonnière - Place à feu.
- Particularité planimétrique.
- Piste cyclable.
- Piste cyclable très visible.
- Particularité planimétrique.
- Terrain découvert.
- Terrain semi-ouvert.
- Lande - Déboisé - Nouvelle plantation - Avec végétation au sol.
- Végétation haute - Course ralentie.
- Végétation basse - Course ralentie.
- Végétation haute - Course très ralentie.
- Végétation basse - Course très ralentie.
- Végétation - Course impossible.
- Forêt traversable dans une direction.
- Verger.
- Lisière de forêt très précise.
- Limite de végétation précise.
- Limite de végétation imprécise.
- Particularité de la végétation (arbre isolé).
- Particularité de la végétation (arbre particulier).
- Limite de végétation.
- Haies.
- Vigne.
- Alignement d'arbres remarquables.

Fiche d'évaluation
Exercice N° 2

Relation "CARTE-TERRAIN"

La carte est la représentation du terrain sur un plan. Elle est exécutée suivant des règles trés précises de telle façon que l'on puisse:

- identifier tout point caractèristique du terrain.
- déterminer des angles.
- calculer la distance séparant deux points.
- définir l'altitude et la pente du terrain.

Les signes et les symboles sont le langage des cartes. Ils sont classés en 5 catégories représentée par une couleur différente:

* La PLANIMETRIE en noir.
* Le RELIEF en bistre et en noir.
* L'HYDROGRAPHIE en bleu.
* La VEGETATION en jaune. en vert ou blanc.
* Le TRACE en rouge.

Faire correspondre les Flèches avec les Ronds?

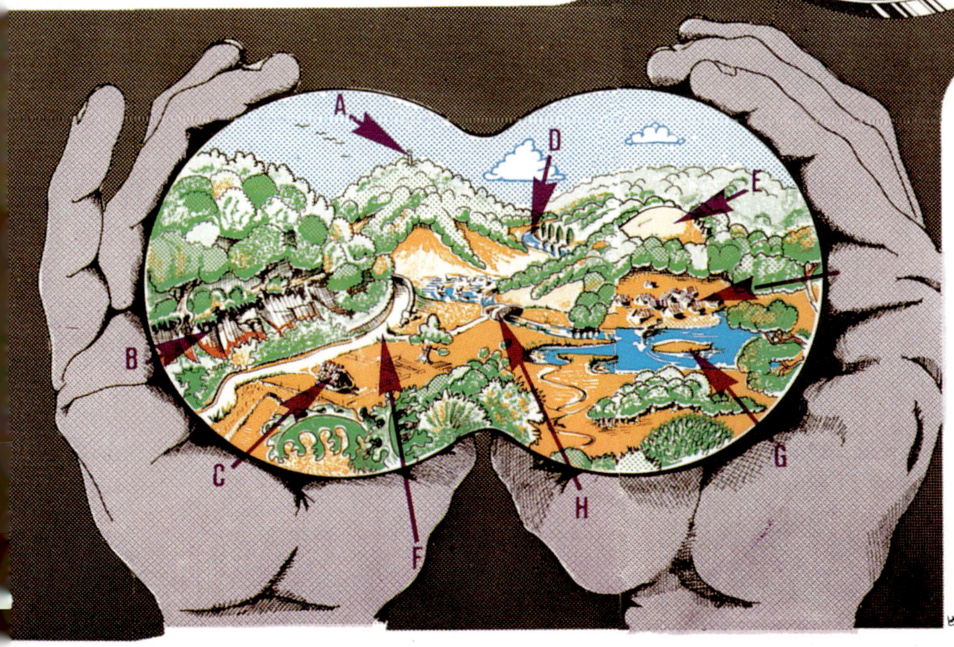

A	
B	
C	
D	
E	
F	
G	
H	

FÉDÉRATION FRANÇAISE DE COURSE D'ORIENTATION

Fiche d'évaluation
Exercice N° 3

Symboles: définitions

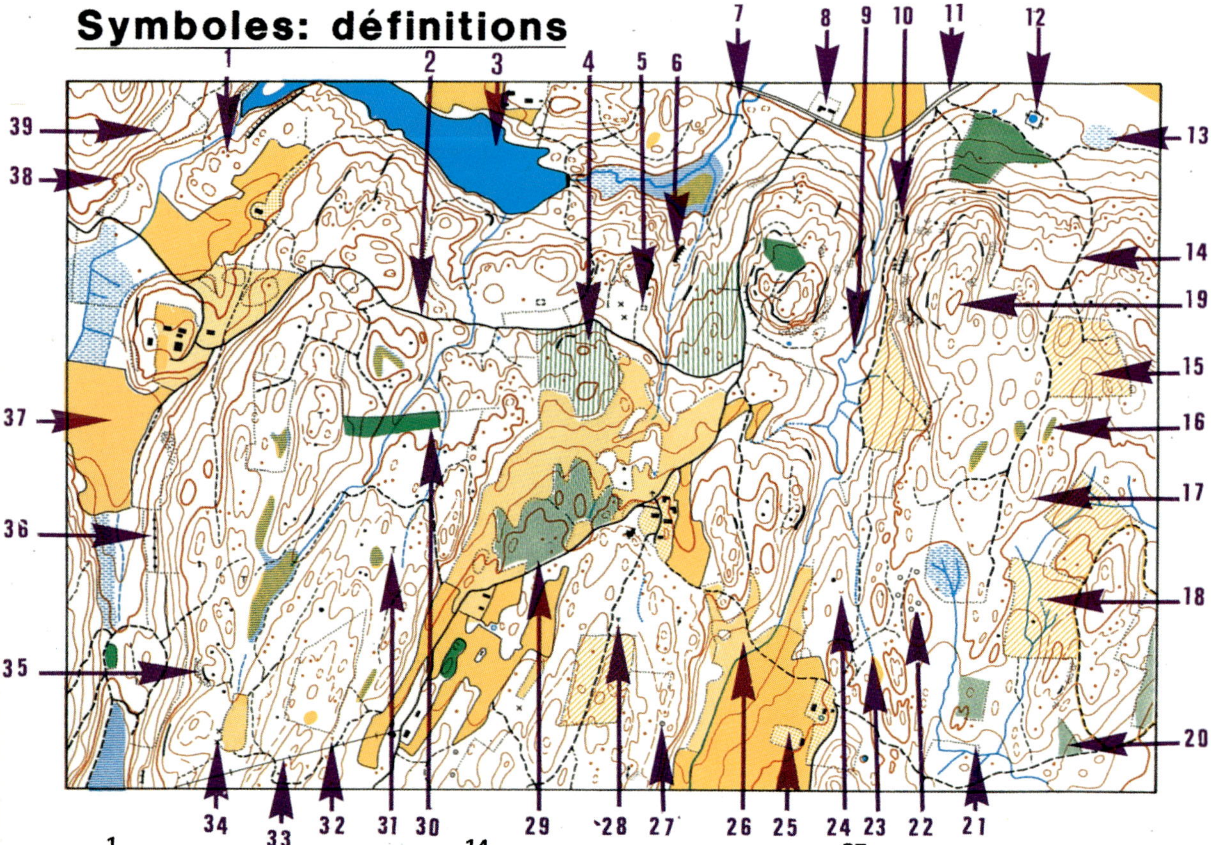

1 ______________________________

2 ______________________________

3 ______________________________

4 ______________________________

5 ______________________________

6 ______________________________

7 ______________________________

8 ______________________________

9 ______________________________

10 ______________________________

11 ______________________________

12 ______________________________

13 ______________________________

14 ______________________________

15 ______________________________

16 ______________________________

17 ______________________________

18 ______________________________

19 ______________________________

20 ______________________________

21 ______________________________

22 ______________________________

23 ______________________________

24 ______________________________

25 ______________________________

26 ______________________________

27 ______________________________

28 ______________________________

29 ______________________________

30 ______________________________

31 ______________________________

32 ______________________________

33 ______________________________

34 ______________________________

35 ______________________________

36 ______________________________

37 ______________________________

38 ______________________________

39 ______________________________

Fiche d'évaluation
Exercice N° 4

Le Nivellement

Trouver le dessin correspondant à la définition.

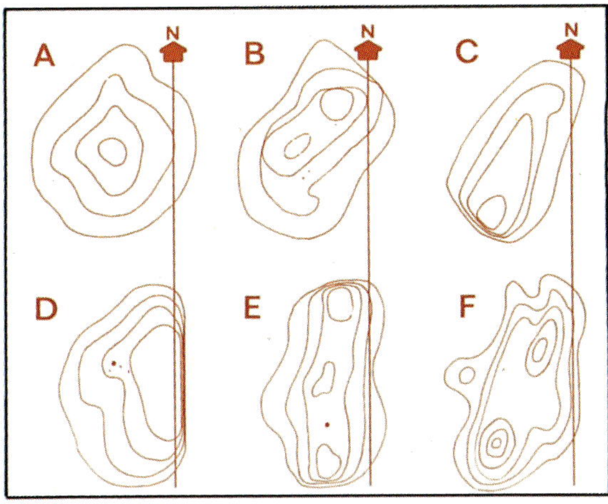

1. Les versants Nord et Sud de cette colline sont très raides.	
2. Cette colline a son versant abrupt au sud ouest.	
3. Seul le versant Sud-Est de cette colline n'est pas pentu.	
4. Cette colline a deux sommets. Le Sud est le plus haut.	
5. Quel que soit le côté, par lequel on escalade cette colline, on rencontre la même pente.	
6. Il vaut mieux éviter de grimper sur cette colline par son versant Est.	

Calculer l'altitude des points indiqués par les flèches.

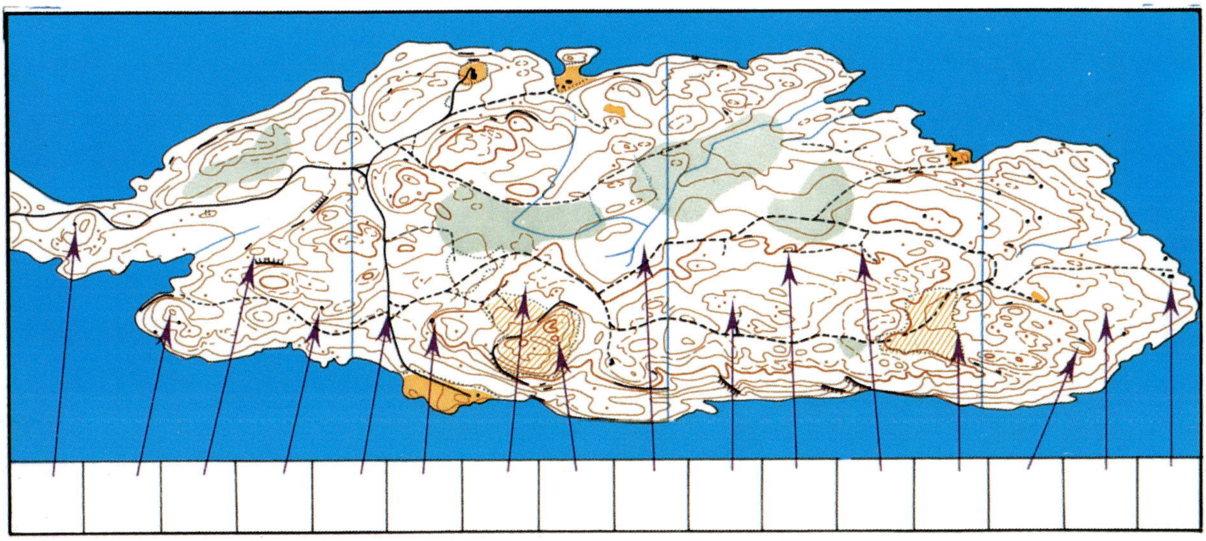

Faire correspondre le PLAN et la COUPE.

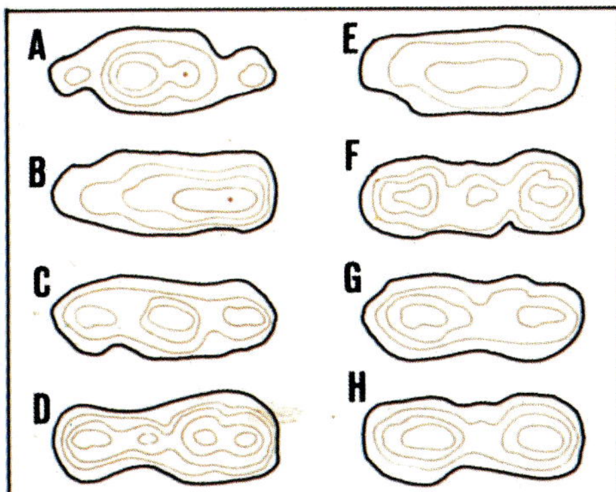

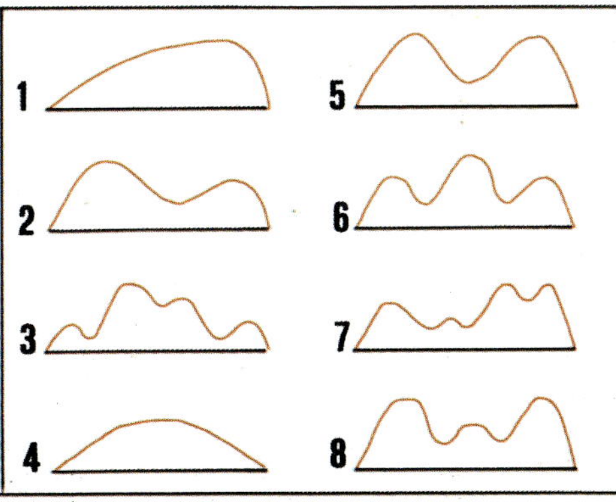

A	avec
B	avec
C	avec
D	avec
E	avec
F	avec
G	avec
H	avec

FÉDÉRATION FRANÇAISE DE COURSE D'ORIENTATION

Fiche d'évaluation
Exercice N° 5

Indiquez par une croix, dans la case correspondante, le sens de la pente désignée par une flèche.

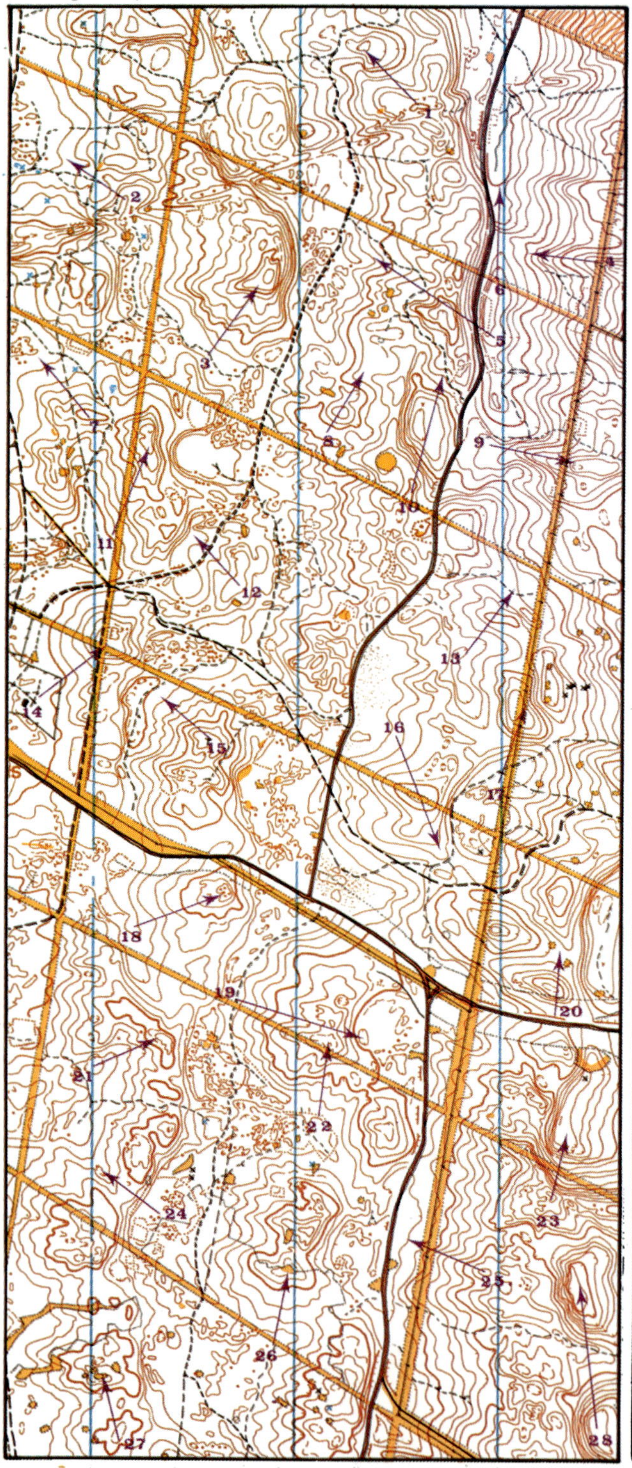

	Descend	Monte	M.-D.	D.-M.
	↘	↗	↗↘	↘↗
1				
2				
3				
4				
5				
6				
7				
8				
9				
10				
11				
12				
13				
14				
15				
16				
17				
18				
19				
20				
21				
22				
23				
24				
25				
26				
27				
28				

FÉDÉRATION FRANÇAISE DE COURSE D'ORIENTATION

Fiche d'évaluation
Exercice N° 6

Les Echelles

Calculer les distances suivant les échelles proposées :

1:5 000° 1cm=50ØØm

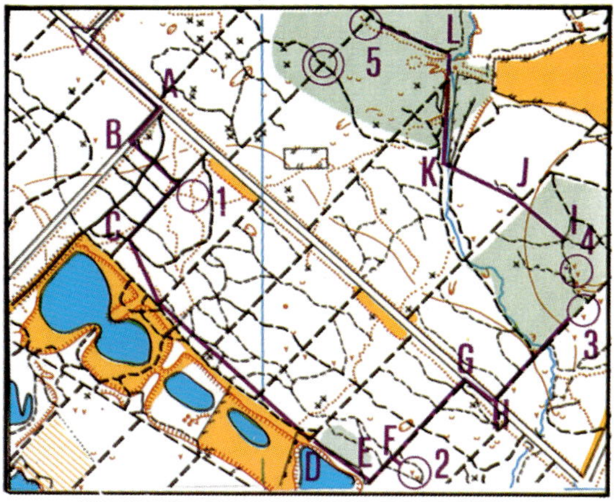

△ - A	m	F - G	m
A - B	m	H - 4	m
B - 1	m	I - J	m
1 - C	m	K - L	m
D - E	m	L - 5	m
F - 2	m	5 - ◎	m

1:10 000° 1cm=100ØØm

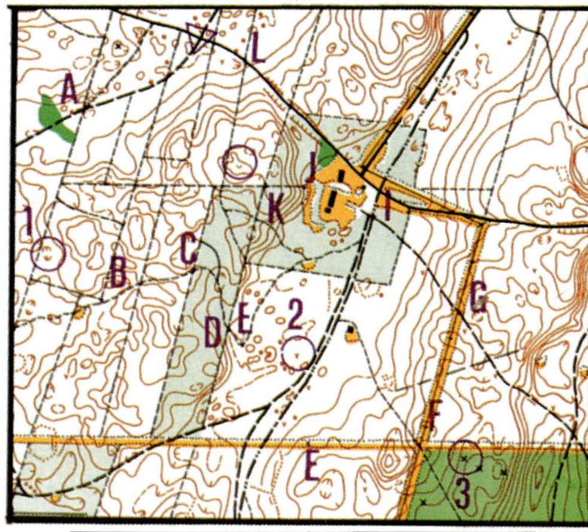

△ - A	m	F - 3	m
A - 1	m	F - G	m
1 - B	m	G - H	m
C D	m	I - J	m
E - 2	m	K - 5	m
E - F	m	5 - L	m

1:15 000° 1cm=150ØØm

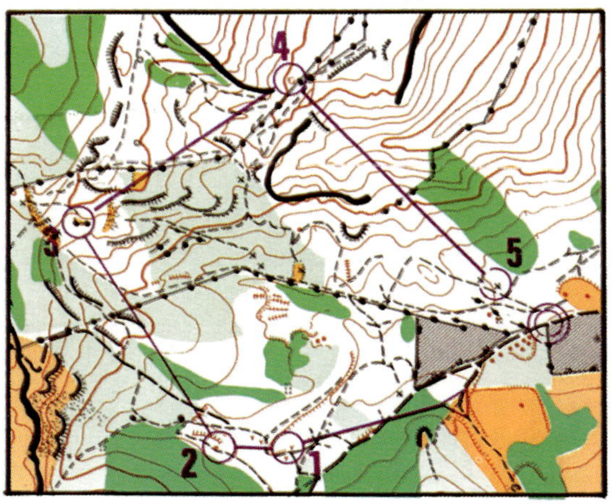

△ - 1	m
1 - 2	m
2 - 3	m
3 - 4	m
4 - 5	m
5 - ◎	m

1:20 000° 1cm=200ØØm

△ - 1	m
1 - 2	m
2 - 3	m
3 - 4	m
4 - 5	m
5 - ◎	m

FÉDÉRATION FRANÇAISE DE COURSE D'ORIENTATION

Fiche d'évaluation
Exercice N° 7

Les Points Cardinaux

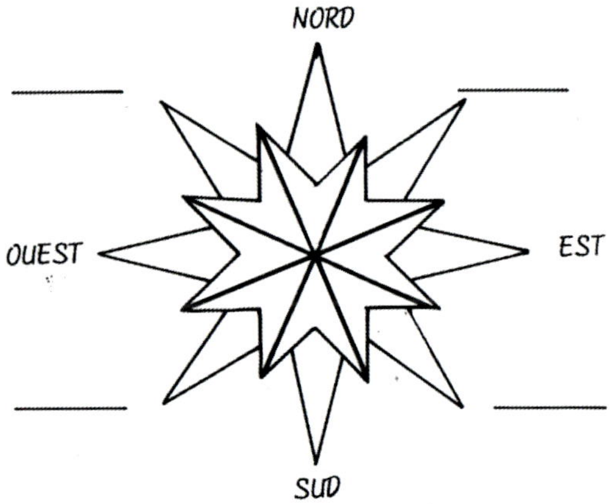

Cette Rose des vents indique les 4 directions principales :

Compléter. en indiquant les directions intermédiaires.

Indiquer les directions données par les flèches.

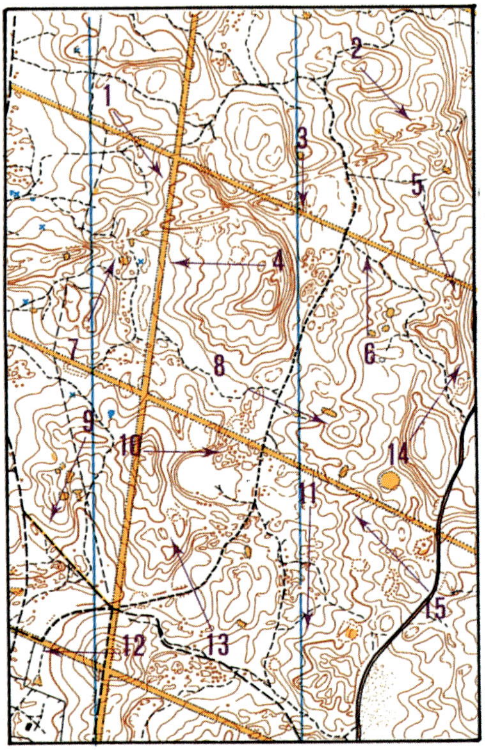

1 ______
2 ______
3 ______
4 ______
5 ______
6 ______
7 ______
8 ______
9 ______
10 ______
11 ______
12 ______
13 ______
14 ______
15 ______

Préciser la direction pour aller d'un poste à un autre:

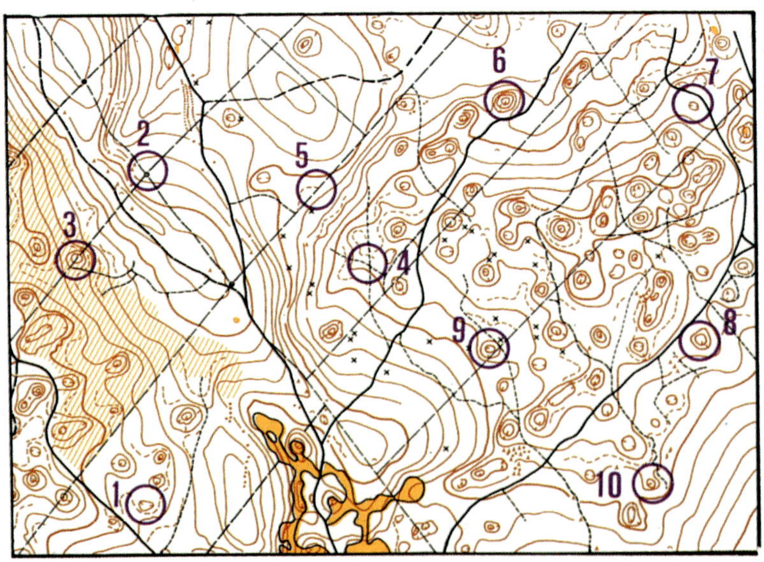

FÉDÉRATION FRANÇAISE DE COURSE D'ORIENTATION

Fiche d'évaluation
Exercice N° 8

L'Elément d'Attaque

L'ELEMENT D'ATTAQUE:

C'est le dernier élément caractéristique, à proximité du poste, qui permettra au coureur de découvrir celui-ci avec un maximum de sécurité. C'est cet élément qui détermine le choix de la conception de l'itinéraire.

CONCEPTION DU DEPLACEMENT:

C'est choisir la forme de déplacement en fonction du problème d'orientation posé et des capacités physiques et techniques du moment.

FORMES DE DEPLACEMENT:

* Lecture de carte sommaire
* Visée sommaire
* Lecture de carte précise
* Visée précise (étalonnage du pas)

Trouver dans cet exercice, l'élément d'attaque de chaque poste, et donner les visées sommaires (du poste précédent à l'élément d'attaque) et précises (de l'élément d'attaque au poste.) **A quel endroit précis doit-on utiliser la BOUSSOLE ?**

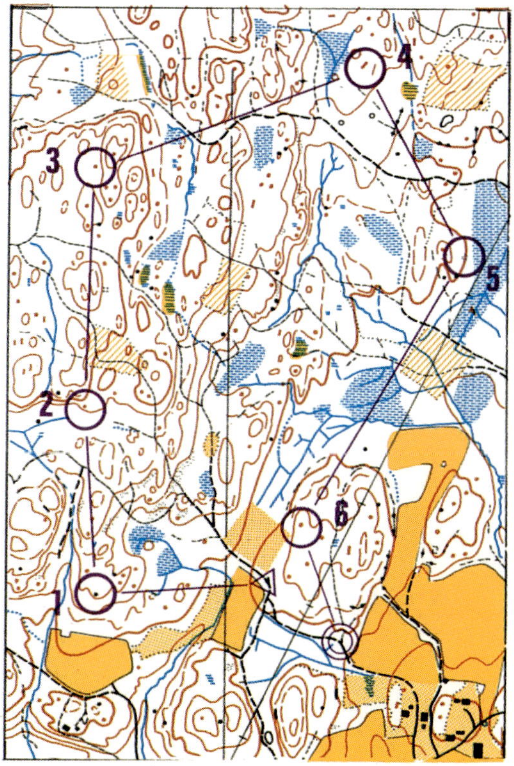

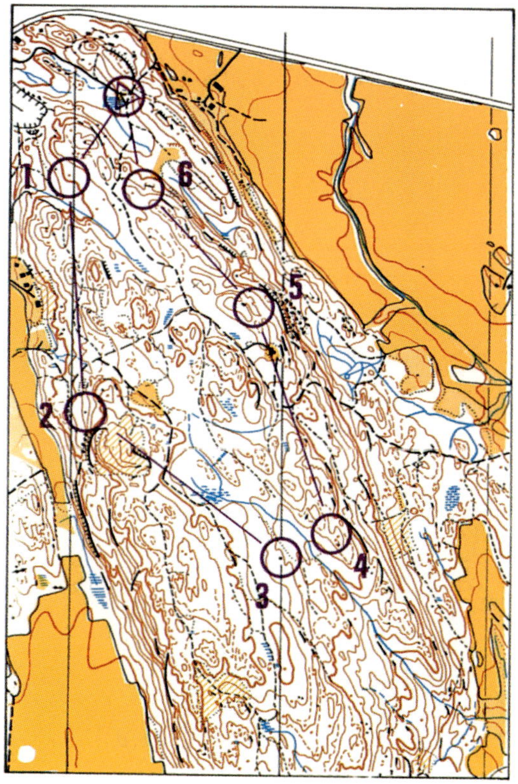

Visée Sommaire		Visée précise	
▷ — 1		Att — 1	
1 — 2		Att — 2	
2 — 3		Att — 3	

3 — 4		Att — 4	
4 — 5		Att — 5	
5 — 6		Att — 6	

Choix d'itinéraire

Tracez sur la carte, votre choix d'itinéraire au crayon rouge. Metter F le long du trajet si vous suivez une ligne directrice évidente (ligne électrique. chemin. fossé...). Mettez B quand vous utilisez la boussole.
L " " " " Carte

Exemple:

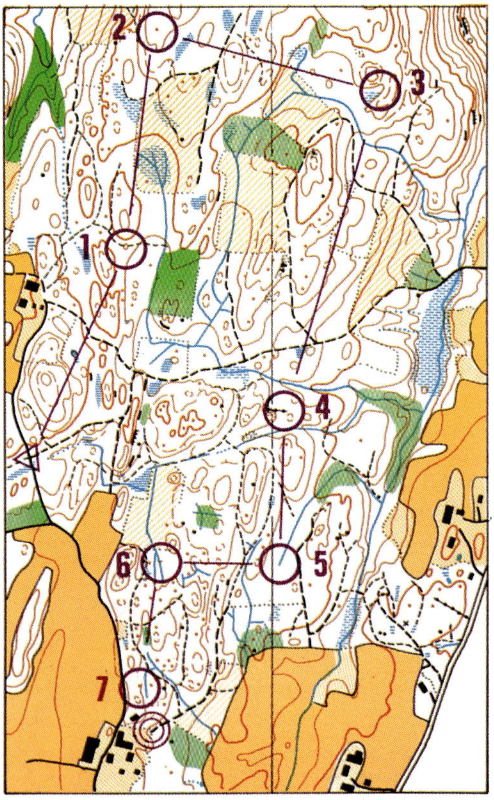

Fiche d'évaluation N° 10

CARTE "HAITZETXEKOVERREKO"

Mettre la lettre correspondante à la bonne réponse.

1. Quelle est l'échelle de cette carte:
   A: 1/1 000°
   B: 1/10 000°
   C: 1/15 000°

2. Quelle est l'altitude du poste N°2?
   A: 55m
   B: 70 m
   C: 65m

3. Quel est le périmètre du parc N°2 ?
   A: 1160m
   B: 1220m
   C: 1060m

4. Que signifie le signe N°3?
   A: Dépression.
   B: Affût de chasse.
   C: Avancée.

5. Peut-on aller en voiture de 2 à 1.??
   A: oui
   B: non

6. Que signifie le signe N° 4?
   A: une avancée.
   B: un rentrant.
   C: une butte.

7. Quel est le sens de la pente de 4 au ruisseau?
   A: On monte.
   B: On descend.

8. Que signifient les zônes "vert foncé "?
   A: Végétation basse.
   B: Course impossible.
   C: Sapinière.

9: De 1 à 4 peut-on traverser le ruisseau ?
   A: oui
   B: non

10. Les points bistre N°5 signifient ?
   A: butte.
   B: Rocher isolé.
   C: trou.

11. Peut-on traverser en courant d'Ouest en Est; en son centre le parc N° 2 ?
   A: oui
   B: non

12 Peut-on en franchir la clôture ?
   A: oui
   B: non

13. Que représentent les tiretés bleus N°6 ?
   A: Végétation basse.
   B: Forêt marécageuse.
   C: Champ labouré.

14. Est-ce franchissable?
   A: oui
   B: non

15. Peut-on sortir de parc N°2. sans franchir la clôture?
   A: oui
   B: non

16. De 6 à 3. quel est l'itinéraire que tu as choisi.?
   A
   B
   C

17. Le coureur en F voit-il celui en D.?
   A: oui
   B: non

18: Le coureur en D voit-il celui en F?
   A: oui
   B: non

19. Que signifie le symbole N°7?
   A: Puits.
   B: Source.
   C: Souche

FÉDÉRATION FRANÇAISE DE COURSE D'ORIENTATION

Fiche d'évaluation

Exercice N° 11

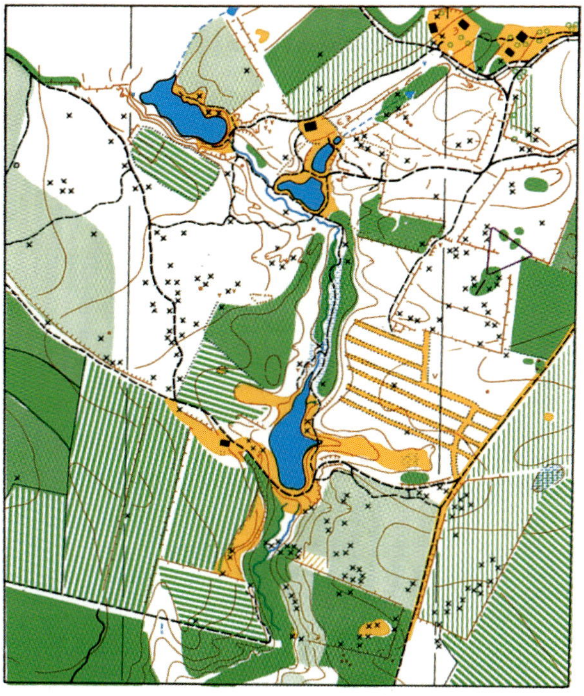

Itinéraire

* Tu te trouves dans le " triangle" de départ.

En écoutant le récit de ma course, tu vas devoir retrouver l'emplacement des postes et les marquer en rouge (rond rouge).

Tous les deux postes, je vérifierai que tu ne te sois pas perdu.

* tu es prêt?.... Top.

1. Les départ est donné, je cours en direction du Sud-Ouest, je passe à gauche d'une zône de végétation dense. aprés 100m, je rencontre un Talus que je franchis et continue dans la même direction jusqu'à l'angle des pare-feu, prés duquel je trouve le poste: au bord d'un trou.

2. Je suis le pare-feu en direction du Sud-Est jusqu'à un chemin. Aprés avoir fait une visée sommaire, je traverse une zône de fougères en direction du Sud-Est. J'aboutis sur une grande dépression marécageuse. Je longe son bord Ouest et trouve le poste.

3. L'itinéraire qui mène au poste 3 est facile: je cours le long du talus en direction du Sud-Ouest sur 200m; le poste est sur une butte à ma droite.

4. Je décide de couper au plus court. Je traverse la zones de fougères vers l'Ouest jusqu'au chemin, je le suis vers le Sud, puis au bout de quelques mètres je le quitte pour courir le long d'un talus qui s'en va vers la droite, je le suis sur environ 200m jusqu'à une zône de coupe. Le poste se trouve à l'angle Nord-Est de cette zône.

5. Vers le Nord se trouve un étang, je le rejoins aprés une minute de course. Il est bordé par un chemin que j'emprunte pour contourner l'étang par le sud. Aprés l'avoir suivi sur 100m, je trouve sur ma gauche une maison. Le poste est dans la ruine, derriere cette maison.

6. Par le chemin, je vais contourner la sapinière située à droite. Je longe ensuite une zône de vert. Arrivé au coin Nord, je file plein Nord jusqu'à une souche, à l'intersection de sentiers peu visibles. Le poste est là.

7. En suivant le sentier vers l'Est, je contourne deux petits étangs, puis remonte le ruisseau intermittent qui les alimente. Dans la végétation se trouve une petite mare, sur son bord Ouest, le poste.

8. Aprés 50 m vers le Nord, je rejoins le chemin que je suis en courant à toute allure jusqu'au carrefour où se trouve l'arrivée.

FÉDÉRATION FRANÇAISE DE COURSE D'ORIENTATION

Fiche d'évaluation
Exercice N° 12

La Boussole

1. DESCRIPTION:

Citer les éléments qui composent la boussole.

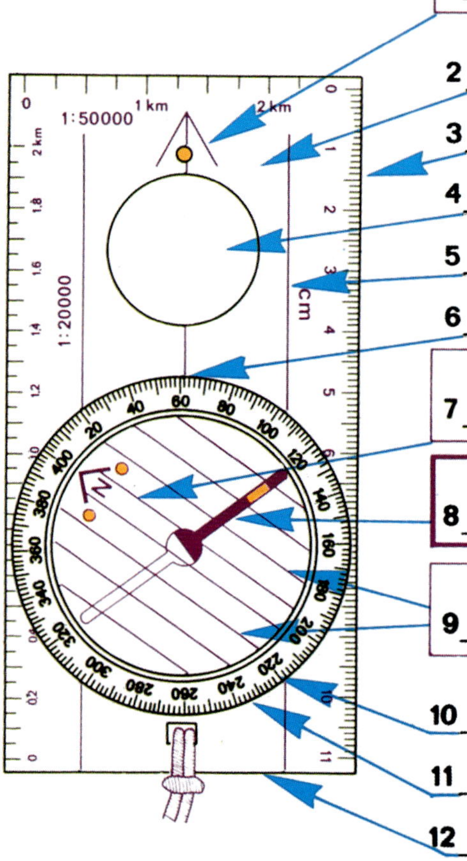

1 ______________________

2 ______________________

3 ______________________

4 ______________________

5 ______________________

6 ______________________

7 ______________________

8 ______________________

9 ______________________

10 ______________________

11 ______________________

12 ______________________

2. L'UTILISATION DE LA BOUSSOLE:

Elle permet: a. d'orienter la carte.

b. de trouver la direction de course ou azimut (lorsque la la carte ne possède pas assez d'éléments d'orientation.)

c. de calculer une distance.

Les zones sensibles seront contournées pour le respect de la faune et de la flore.
Sur les parties de terrain plus techniques où l'on doit réfléchir constamment, les parcours partiels seront courts.
Les terrains présentant un moindre intérêt constitueront les parcours longs (30% de la course doit en faire partie). Pour les parcours longs, préparés en premier, le traceur pourra avoir recours à des changements de carte pour créer la difficulté. Un poste de ravitaillement (uniquement en boisson) sera prévu au tiers de la course.
Le bon traceur aura à cœur de profiter des variations de terrain pour éprouver la vitesse de course des concurrents.
Enfin, les parcours partiels seront plus difficiles en fin de course qu'au début et le dernier poste débouchera sur une arrivée panoramique afin de satisfaire les spectateurs.

Pour les débutants, on privilégiera les zones moins complexes (Ph. B. Grelon)

La cartographie

Elle est spécifique à la course d'orientation. L'évolution permanente du niveau des coureurs ainsi que des compétitions nécessitent des réalisations cartographiques de plus en plus pointues : recherche de terrains, augmentation des détails sur le document de base…
Il est nécessaire d'adopter une démarche précise pour réaliser efficacement une carte de course d'orientation.

Pour le débutant

C'est le choix de la zone que l'on privilégiera. Elle ne devra pas être complexe, le terrain aura peu de dénivelés, le réseau des chemins sera assez important, la végétation sera peu dense et riche en détails ponctuels permettant au débutant de se repérer plus facilement.
On choisira une zone facile au moyen d'une carte IGN agrandie, d'un plan cadastral, DDE, ONF…
Les dimensions de l'agrandissement seront toujours le double de celles du document définitif. Le format des cartes d'initiation doit être inférieur ou égal à 21 x 15 et d'une échelle inférieure au 1/10 000e.
Pour agrandir un document de base, il faut délimiter la zone choisie et placer de chaque côté une « pige » mesurée soigneusement. Il est important de mentionner : « Après agrandissement les traits devront mesurer exactement 200 mm. »

Pour le cartographe confirmé

La zone à cartographier sera plus complexe. À la base, on choisira entre plusieurs possibilités :

– la carte IGN, ou DDE, ou ONF, voire un plan cadastral ;
– la photographie aérienne agrandie ;
– la restitution photogramétrique de la planimétrie et de la végétation ;
– la restitution photogramétrique complète.

L'agrandissement de la photo aérienne peut être obtenu en en faisant la demande auprès de l'IGN. Il faut entourer de façon précise la zone que l'on souhaite sur une carte IGN au 1/25 000e ou 1/50 000e et envoyer ce document à l'IGN qui en fournira l'agrandissement. Pour une restitution photogramétrique, le procédé sera le même. Un devis vous sera fourni vous indiquant s'il est intéressant de faire une restitution complète ou si la restitution de la planimétrie et de la végétation sont suffisantes. Ce sera alors à vous de recopier les courbes de niveau déjà existantes sur la carte IGN.

Comment effectuer les relevés

Tout d'abord, le cartographe se munira du matériel nécessaire ; ensuite, il fera un repérage sur le terrain dont il effectuera les relevés topographiques et le dessin ; enfin, il donnera sa carte ainsi composée à l'imprimeur sans oublier d'y avoir inscrit des légendes précises et claires.

Le matériel

Une plaque de contre-plaqué ou de *Plexiglas* mesurant 30 x 30 x 0,5 mm d'épaisseur, de couleur blanche pour une meilleure lisibilité des documents de base, surtout lorsque ceux-ci sont transparents (restitution photogramétrique).

Une boussole, dont on aura soin de fixer le boîtier dans un angle de la plaque de telle façon que l'on puisse le faire pivoter facilement, ce qui permettra d'avoir la planchette toujours orientée, évitant ainsi les erreurs d'estimation d'angle entre les éléments à reporter.

Des crayons de couleurs : les plus efficaces sont les porte-mines de 0,5 ou 0,7, tricolores (noir, rouge, bleu) ; pour les cou-

TABLEAU D'UTILISATION DES COULEURS POUR LES RELEVÉS TERRAIN ET LE DESSIN DE LA MAP

Code IOF	*Symbole*	*Dessin Relevé terrain*	*Crayon couleur*	*Dessin Map*	*Couleur*
A 101			Rouge		Rouge
A 102			Rouge		Bleu
A 103			Rouge		Rouge
A 106			Marron		Rouge
A 107 A 108	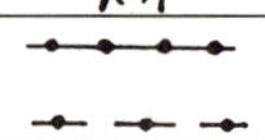	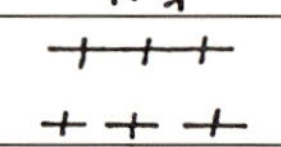	Marron	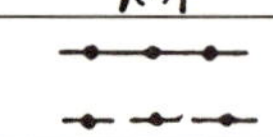	Rouge
A 110	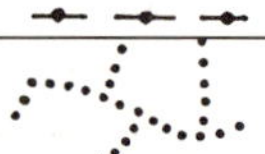	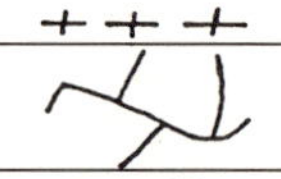	Marron	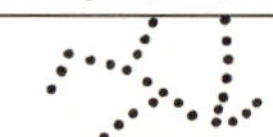	Rouge
A 208			Noir	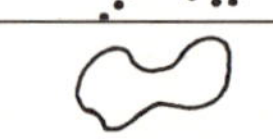	Gris
A 210		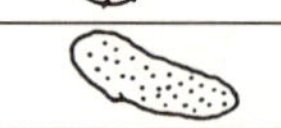	Noir		Noir

Code IOF	*Symbole*	*Dessin Relevé terrain*	*Crayon couleur*	*Dessin Map*	*Couleur*
B 212			Violet		Violet
A 304			Noir + Bleu		Noir + Bleu
A 305			Bleu		Bleu IOF
A 307			Bleu		Bleu IOF
A 308			Bleu		Bleu IOF
A 309			Bleu		Bleu IOF
A 310			Noir Bleu		Noir Bleu
A 311			Bleu		Bleu
A 312			Bleu		Bleu
A 401			Jaune		Jaune
A 402			Jaune		Orange
A 403			Jaune		Mauve
A 404			Vert		Vert clair
B 404 bis			Vert		Vert
B 405			Vert		Vert foncé
B 405 bis			Vert		Vert
B 406			Vert		Rouge
A 504			Noir		Noir
A 505			Noir		Noir
A 506			Noir		Noir
A 507			Noir		Noir
A 510			Noir		Noir
A 515			Violet		Noir
A 516			Violet		Noir

leurs jaune, vert, marron, violette, on prendra des mines de 1,5. Ils serviront au dessin de la carte, qui se fait à raison d'une planche par couleur. Les différentes couleurs, qui doivent être dans l'ordre suivant, représentent :

– le noir : tout ce qui est noir sur la carte et représente la planimétrie ;
– le rouge : les courbes de niveau (relief) ;
– le marron : pour différencier des courbes de niveau, les fossés, les talus, les ravins ;
– le vert : la végétation ;
– le jaune : les prairies ;
– le bleu : l'hydrographie ;
– le violet : les murs et autres détails que l'on pourrait confondre avec un chemin.

Une MAP (« mise au propre ») : document issu des levées de terrain et servant de base pour le dessin des planches destinées à l'impression.

L'étalonnage sur le terrain

Le cartographe fera plusieurs allers et retours sur la distance à repérer en marchant normalement et en comptant des doubles pas, pour une estimation juste des distances sur le terrain et un bon report sur la MAP. À l'aide de la réglette interchangeable de la boussole au 1/15 000e pour une MAP au 1/7 500e, on notera la distance sur la planche destinée à l'impression.

Pour les restitutions photogramétriques, le nord magnétique est toujours indiqué, mais pour les autres documents celui-ci sera à calculer.

Le relevé proprement dit

Tout d'abord il faut visiter la zone à cartographier. Puis le cartographe classera les difficultés relatives au terrain de la façon suivante :

Les lignes

Chemins, fossés, limites de végétation, routes, ruisseaux. Il faut d'abord contrôler les longueurs et les axes des lignes existantes en les parcourant et en notant les autres lignes qui en partent. Puis délimiter un secteur d'environ 1/4 de km^{2}. Lorsque le tour du secteur est terminé, contrôler les axes de l'intérieur de ce secteur (ne pas oublier les détails ou amorces se trouvant sur les axes). La trame des lignes est ainsi installée.

Les surfaces

Clairières, étangs, lacs, prés, stades… Le relevé consiste essentiellement à contrôler et à transformer, suivant les symboles cartographiques propres à la course d'orientation, les différentes surfaces de la zone.

Les points

Charbonnières, collines, dépressions, buttes, petits marais, rochers. Passer dans la zone délimitée. Répertorier les détails les plus marquants. Les situer par triangulation. Marquer dans l'ordre les détails ponctuels, puis ceux de moindre importance, et placer les courbes de niveau en fonction de la position des points. Pour éviter les erreurs d'angle, il y a lieu d'utiliser sa boussole.

Le relief

Il s'agit de toutes les courbes de niveau qui représentent les différentes formes du relief.

Les cartes ainsi tracées sont soumises à l'approbation de la FFCO qui aura eu au préalable une autorisation de reproduction de l'IGN. Les associations non affiliées à la FFCO ne pourront reproduire leurs cartes qu'avec l'autorisation de l'IGN et en payant des droits d'auteur à celui-ci. Toute carte qui n'est pas aux normes IOF ne peut porter la mention « carte de course d'orientation ». Il existe maintenant tout un travail de relevés au GPS et de dessin à l'ordinateur avec un logiciel spécifique à la CO.

Utilisation de la boussole

Les fonctions fondamentales d'une boussole sont de :
- maintenir la direction de marche sur terrain sans visibilité ;
- s'orienter au moyen d'une carte sur terrain inconnu ;
- reporter sur une carte des points géographiques inconnus ;
- déterminer sa propre position à l'aide d'une carte ;
- contourner des obstacles.

Maniement d'une boussole

Nous verrons dans le chapitre consacré à l'équipement qu'il existe plusieurs modèles de boussoles (transparentes, disposant d'un miroir de visée amovible, ...). Celles consacrées à la course d'orientation sont simples, pratiques, très légères et sont conçues pour pouvoir travailler sur une carte. Au centre d'une capsule pivotante et graduée à l'extérieur se trouve l'aiguille aimantée, dont la partie rouge indique le nord. Cette aiguille, montée sur pivot, se déplace en général dans un liquide légèrement visqueux qui amorti ses mouvements. Ce liquide est peu sensible au froid. Le fond du boîtier comporte une flèche centrale et des traits parallèles à celle-ci : ce sont les lignes nord-sud.

Ce boîtier est monté sur une petite plaque en matière plastique transparente graduée sur les côtés, comportant dans le sens de la longueur une flèche centrale, appelée aussi flèche de direction de marche.

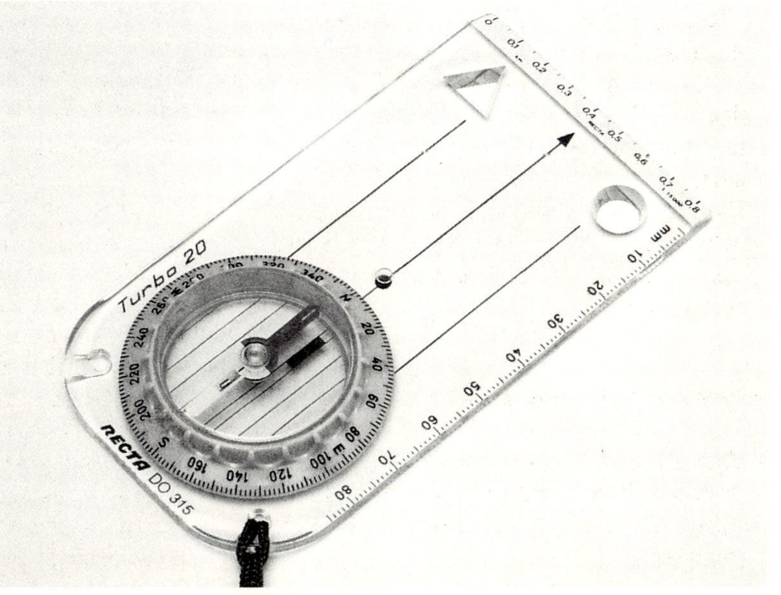

Type de boussole traditionnellement utilisée en course d'orientation (Ph. Recta)

Échelle latérale

Sur le côté extérieur du boîtier, la boussole dispose d'une règle dotée de subdivisions, en général en millimètres. Leur longueur va de 50 à 60 mm. Une graduation d'échelle (en général 1/15 000e ou 1/ 25 000e, mais aussi 1/20 000e, 1/50 000e, etc.) sur l'autre bord extérieur ou sur le bord frontal permet de traduire la distance repérée sur la carte en distance réelle.

Angle de direction

Le cadran a une graduation usuelle de 360°, mais certaines boussoles spéciales peuvent être graduées en 6400 ‰ (pour mille d'artillerie) ou 400 gr (grades). Ces degrés sont répartis ainsi : 0° (ou 360°) au nord, 90° à l'est, 180° au sud et 270° à l'ouest. L'angle de direction (azimut, chiffre d'orientation) est celui séparant le nord magnétique de la direction de marche.

Descriptif d'une boussole (doc. Suunto)

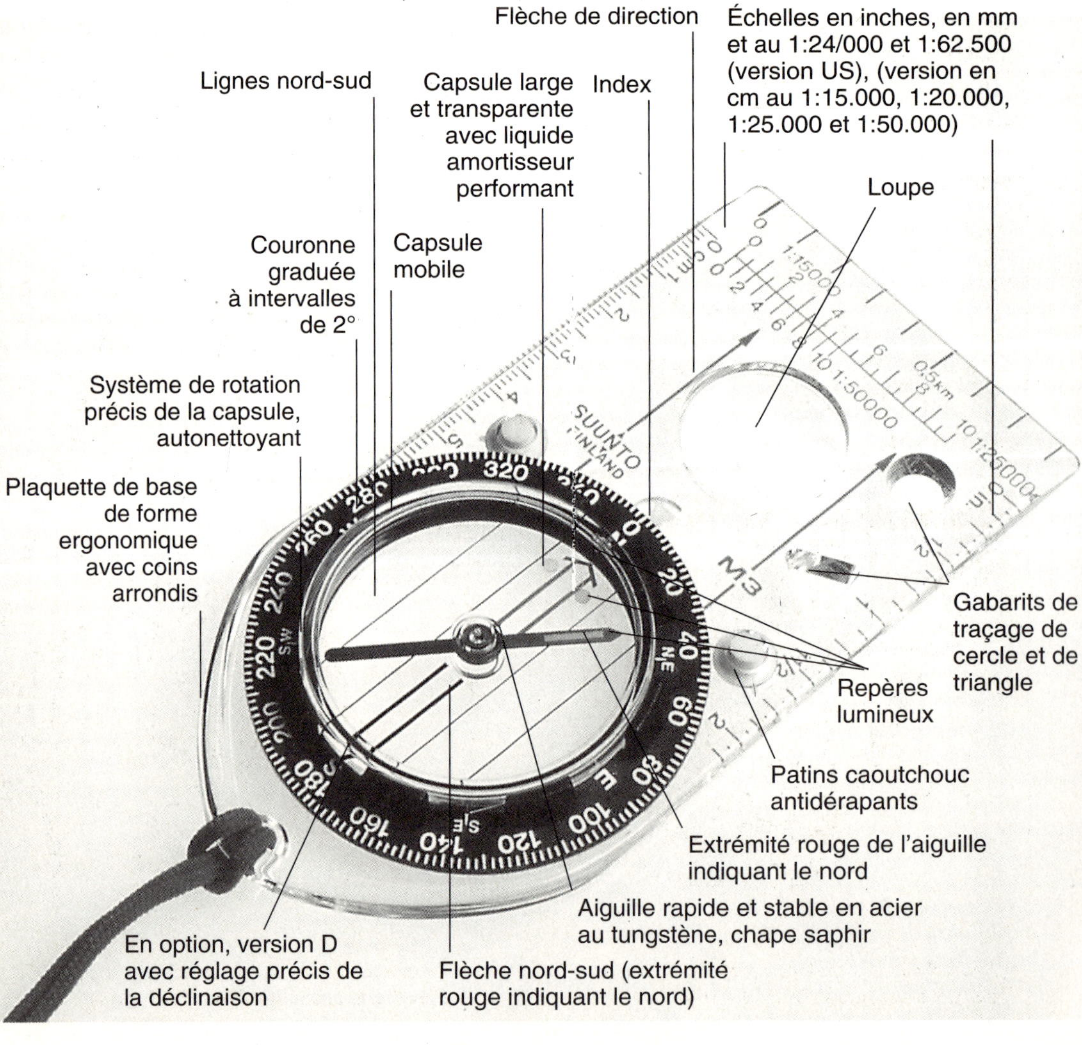

Par rotation sur son propre axe, la pointe rouge N de l'aiguille indique toujours le nord. C'est le pivotement du cadran qui permet de trouver d'une façon simple l'azimut. Nous indiquons ci-après la technique pour le déterminer.

À noter : la proximité d'objets métalliques ferreux et de câbles à haute tension peut fausser l'aiguille d'une boussole, et des champs magnétiques importants pourraient, à l'extrême, inverser la polarité.
Vérifiez donc régulièrement le fonctionnement de votre boussole. Des petites bulles d'air dans le liquide amortisseur sont sans effet sur la fonction. Elles peuvent apparaître et disparaître au gré des variations de la pression atmosphérique et de la température ambiante.

Trouver l'azimut

Orientez la carte

• Repérez le nord magnétique sur la carte (le haut de la carte).

• Ajustez l'angle direction N = 0°.

• Posez la boussole sur la carte, en direction du nord, le long du réseau N-S de la carte.

• Faites tourner ensemble carte et boussole jusqu'à ce que la pointe N de l'aiguille se positionne entre les repères nord.

À noter : sur les cartes qui ne disposent pas de réseau N-S, il est indispensable de tracer à intervalles réguliers (3-4 cm) des lignes N-S.

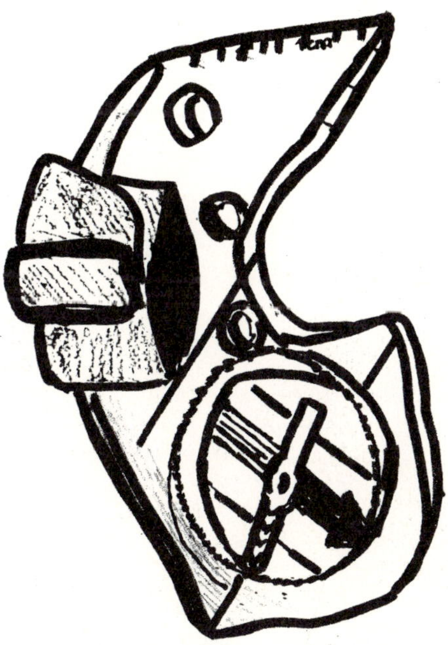

Petite boussole de pouce, souvent utilisée par les orienteurs (Doc. B. Grelon)

Pour s'orienter, il faut utiliser à la fois la carte et la boussole (Doc. B. Grelon)

Déterminez votre direction de marche

• Votre carte comporte deux indications : le point A où vous êtes et le point B où vous devez vous rendre.
Posez le bord latéral de la boussole sur la ligne reliant la position A au lieu de destination B, la flèche de direction (ou la tête de la boussole) est alors dans le même sens.

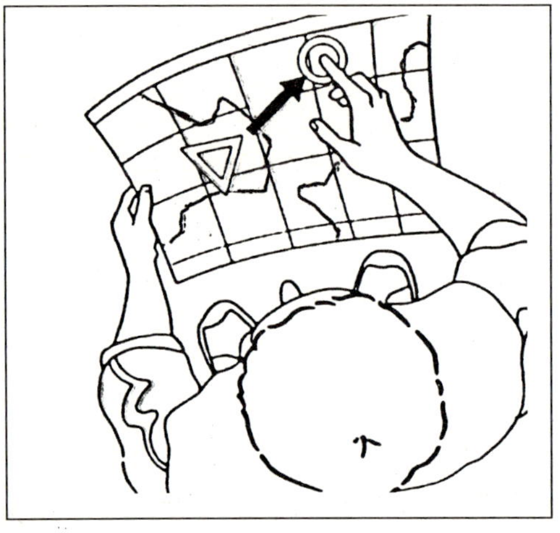

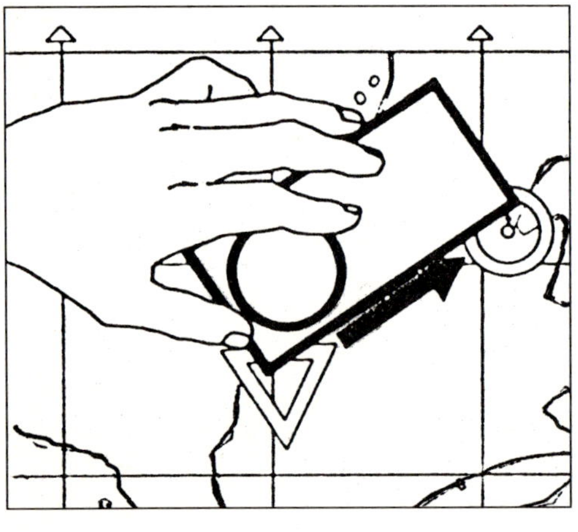

• Tournez le boîtier de la boussole jusqu'à ce que les lignes N-S de la capsule soient parallèles aux lignes N-S de la carte et que le repère nord de la boussole corresponde au nord indiqué par l'aiguille.

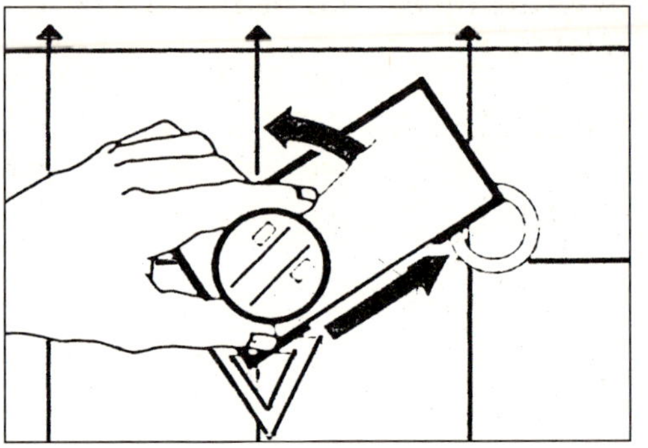

• Le chiffre indiqué correspond à l'angle de marche désiré.

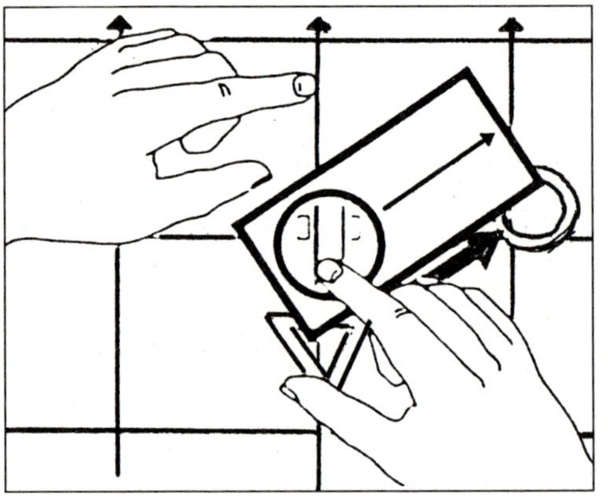

• Levez la boussole et visez. Sélectionnez des points topographiques majeurs dans la direction de marche.

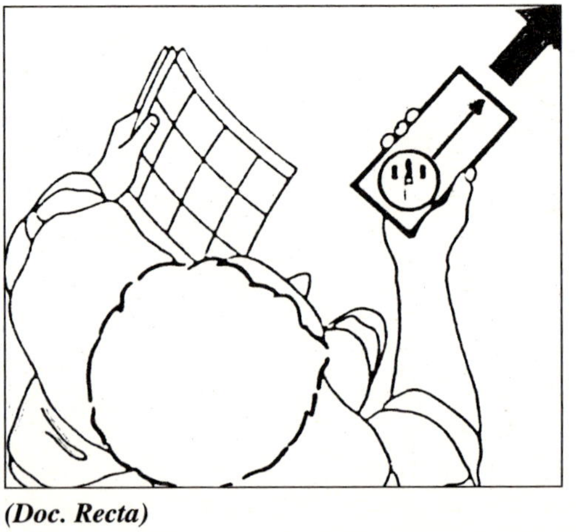

(Doc. Recta)

Détermination d'un point visible sur le terrain[1]

• Avec la boussole, visez le point à déterminer et ajustez l'angle de direction par rotation de la capsule de boussole (placez les repères nord de la capsule sur le nord de l'aiguille).

• Inscrivez votre position sur la carte.

• Posez la boussole sur la carte, placez l'arrête du tiroir contre sa position momentanée, tournez la boussole autour de cette position jusqu'à ce que les lignes N-S de la capsule soient parallèles aux lignes N-S de la carte.

• Le point à déterminer se situe alors sur la ligne formée par le long côté de la boussole.

1. Ce travail particulier à la boussole n'est pas demandé en course d'orientation.

Il faut viser le point à déterminer (Doc. Recta)

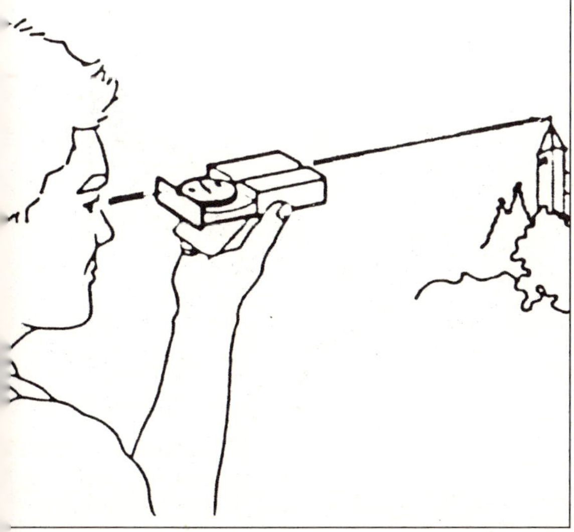

Se situer

Les points suivants ne sont pas demandés en course d'orientation.

Déterminez votre position

• Choisissez deux points remarquables sur le terrain, distants d'au moins 20°.

• Visez et ajustez l'angle de direction.

• Posez la boussole sur la carte, avec le long côté sur le point visé ; puis tournez-la jusqu'à ce que les lignes N-S de la capsule de boussole soient parallèles aux lignes N-S de la carte.

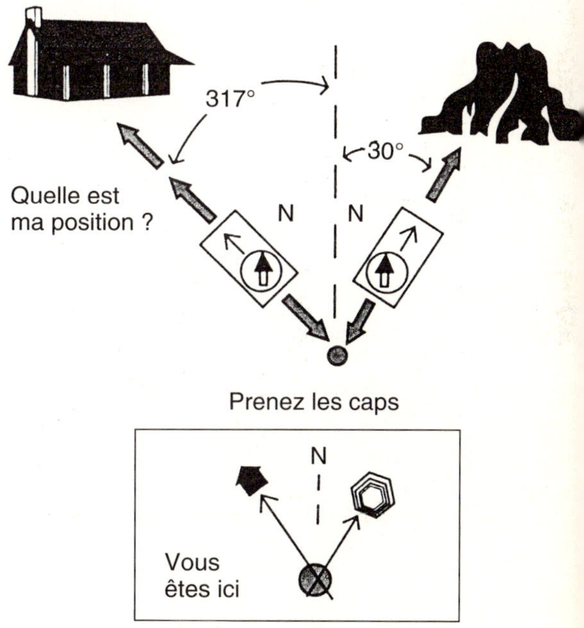

Pour trouver sa position, il faut se repérer à partir de points caractéristiques du paysage (Doc. Silva)

• En partant du point visé, tracez une ligne parallèle au long côté de la boussole, en direction du côté frontal de l'instrument.

• Visez un second point repéré et procédez comme indiqué auparavant.

• Le point d'intersection des deux lignes situe la position momentanée à déterminer. Plus l'angle formé par les deux lignes est proche de 90°, plus la détermination de la position momentanée est précise.

Visée à l'aide du miroir

Les boussoles dont le miroir est placé en bas offrent la possibilité d'une visée précise et claire de la direction de marche et de l'observation simultanée de la capsule de boussole.

Pour une visée approximative

Cette visée se fait « à main levée ». On tient simplement la boussole à hauteur de ceinture et on observe d'en haut l'orientation de l'aiguille.

LES UTILISATIONS PARTICULIÈRES

Nous reprenons ici les différentes possibilités d'utilisation offertes par certaines boussoles comme celles proposées, par exemple, par la marque Recta :

CORRECTION DE DÉCLINAISON

Le nord géographique est invariable. Il correspond au centre du cercle polaire arctique appelé pôle Nord géographique. Le nord magnétique, lui, est situé à proximité du pôle Nord. De plus, il est fluctuant et change de position tous les ans. C'est vers ce dernier point que se tourne toujours l'aiguille aimantée de la boussole. C'est la différence entre le pôle géographique et le pôle magnétique qui s'appelle la déclinaison magnétique.
Examinez, pour vous en convaincre, la carte de déclinaison : vous comprendrez rapidement le rôle majeur que joue cette possibilité de correction. Le magnétisme terrestre étant loin d'être homogène, il existe des régions présentant un écart plus ou moins marqué entre pôle Nord géographique et pôle nord magnétique : il faut donc pouvoir le corriger et ajuster la boussole.
L'intensité verticale du champ magnétique (inclinaison magnétique) n'étant pas la même partout, ceci influence la position horizontale de l'aiguille. Grâce à un système technique particulier, deux capsules seulement, ajustées différemment (N-S), suffisent à la correction de cet effet. La capsule correspondante équipe toujours la boussole selon l'hémisphère (Nord ou Sud). Cependant, la boussole reste utilisable, sans perte de précision, à l'échelle mondiale, aussi longtemps que l'aiguille peut osciller librement. C'est pourquoi un changement de capsule n'est recommandé que pour des régions éloignées à l'extrême de l'hémisphère Nord ou Sud (par exemple Australie ou Alaska). Cette maison propose une boussole équipée du système d'aiguille Turbo 20 qui fonctionne dans les deux hémisphères.

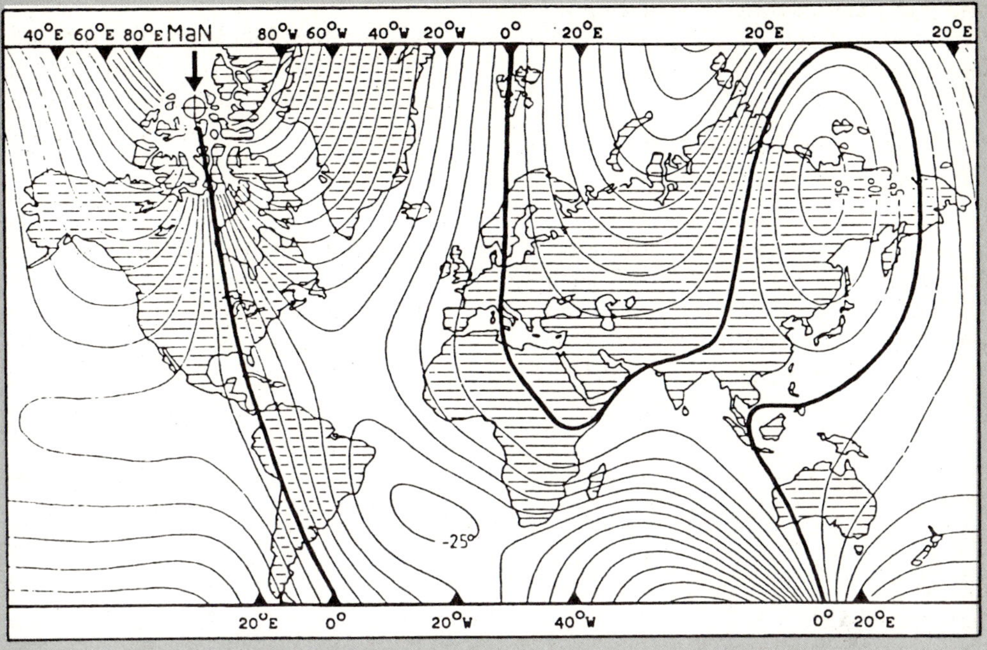

Carte de déclinaison du magnétisme terrestre (Doc. Recta)

Ajustage par déclinaison

Sur les boussoles de visée par miroir avec correction ajustable de la déclinaison, la vis correctrice se trouve au verso de la capsule.
Par rotation de cette vis, il y a déplacement – de la valeur de l'inclinaison – des repères nord et de l'index (nord magnétique) par rapport à l'échelle et au réseau nord (nord géographique).
Exemple : 20° décl. ouest. Agrandissement de 20° de l'azimut. 20° décl. est. Réduction de 20° de l'azimut.
La valeur ajustée est fixée mécaniquement pour l'emploi, ce qui exclut tout déplacement intempestif.

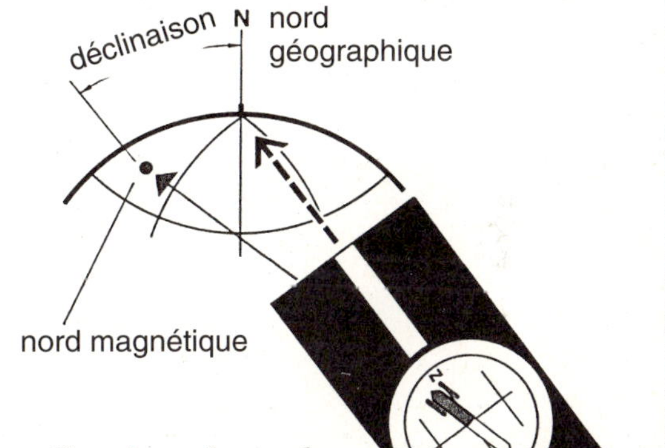

Certaines boussoles disposent d'une vis de correction qui permet d'ajuster la déclinaison (Doc. Recta)

Le clinomètre

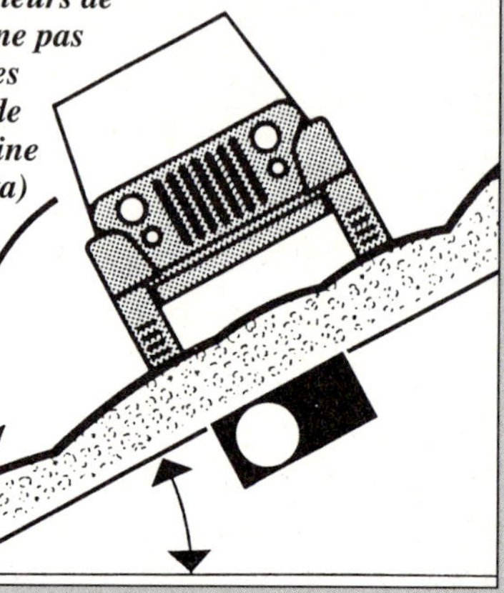

Le clinomètre est utilisé par les conducteurs de 4X4 pour ne pas dépasser les capacités de leur machine (Doc. Recta)

Le clinomètre est un indicateur d'angle d'inclinaison qui permet de mesurer toute forme de déclivité.
Sur le terrain, on serait souvent content de connaître le degré de déclivité d'une pente, d'une route ou d'un flanc de montagne. Utile, il pousse à la prudence et au détour pour éviter, par exemple, le risque d'avalanche. Il est intéressant pour les véhicules tout-terrain, non seulement pour grimper, mais aussi pour ne pas dépasser la déclivité transversale maximale autorisée.
Par ailleurs, grâce à une table de conversion des degrés en pourcentage, on peut mesurer de manière ultrasimple des hauteurs d'arbres, de maisons, de collines, etc.

Emploi du clinomètre

Mesure transversale :

- *Retournez la boussole et maintenez le tiroir « rentré ».*

- *Amenez la boussole face au regard et faites coïncider la déclivité à mesurer avec une arête de la boussole.*

- *Angle d'inclinaison : repère rouge à lire directement sur l'échelle rouge.*

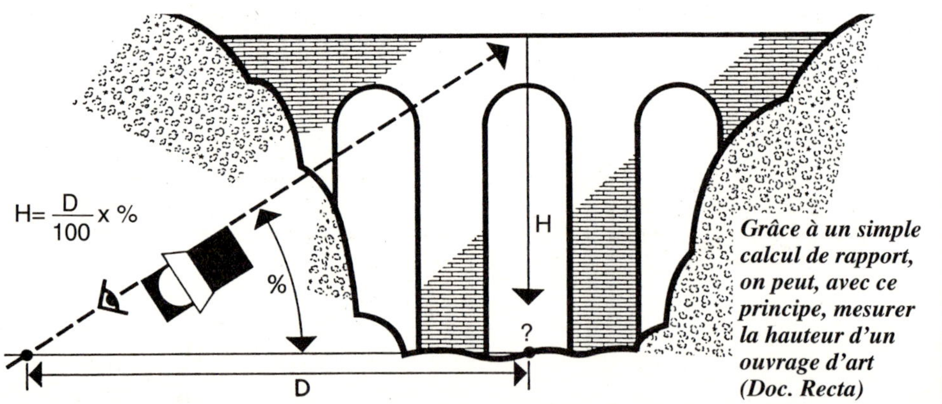

Grâce à un simple calcul de rapport, on peut, avec ce principe, mesurer la hauteur d'un ouvrage d'art (Doc. Recta)

Mesure longitudinale :

• *Sortez le miroir et fixez-le vers le bas par une légère pression du doigt.*

• *Visez le point désiré avec l'arête supérieure de la boussole.*

• *Angle d'inclinaison : repère rouge à lire directement sur l'échelle rouge dans le miroir. Les tableaux de conversion au dos du miroir permettent d'exprimer les degrés mesurés en pourcentage de déclivité, différence d'altitude, etc.*

LA MESURE D'ANGLES PAR OPTIQUE À PRISMES

L'optique à prismes proposé sur certaines boussoles (Recta DP-10) accroît encore, de manière substantielle, les possibilités d'emploi de la boussole qui vont de la visée aux mesures. Fondamentalement, la mesure directe d'angles permet d'utiliser plus rapidement, plus commodément et avec une précision encore accrue les fonctions d'une boussole. Ce qui est décisif, c'est la précision de mesure de ± 0,5 degré ! Elle permet même de maîtriser des tâches professionnelles, telles qu'arpentages, constructions de routes ou de conduites et autres tracés.

Comment mesurer les angles

• *Placez l'échelle sur approx. N = 0°, resp. 180° (selon que l'on opère avec la main droite ou la main gauche).*

• *Élevez la boussole à hauteur de l'œil et tenez-la horizontale. Modifiez la distance à l'œil jusqu'à ce que l'échelle soit clairement lisible à travers l'optique.*

• *Visez l'objet dans le prolongement du trait de repère et lisez l'angle de direction (par rapport au nord magnétique).*

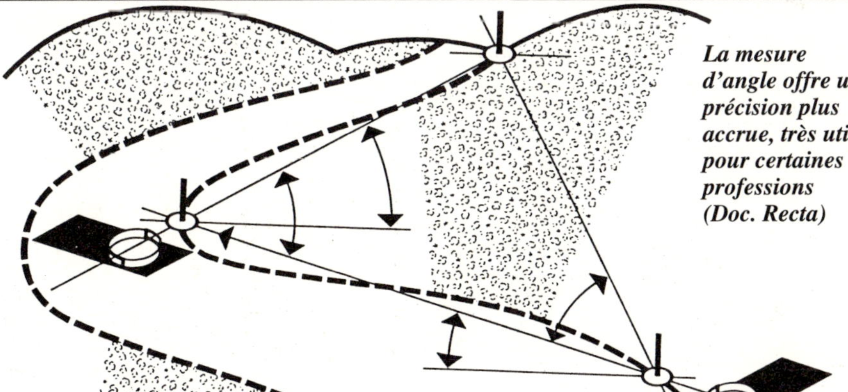

La mesure d'angle offre une précision plus accrue, très utile pour certaines professions (Doc. Recta)

Quelques techniques d'orientation en raid

Contournement d'un obstacle

En présence d'un obstacle tel que à-pic, fourrés, marécages, collines abruptes, étendue d'eau, etc. :

• Prenez à temps une direction pour contourner l'obstacle, mais gardez le relèvement en ligne droite défini par votre boussole.

• Mesurez la distance qui vous éloigne de cette ligne droite en comptant vos pas.

• Dès que la voie est à nouveau libre, reprenez la direction normale.

• Après dépassement de l'obstacle, prenez une nouvelle direction d'évitement en sens inverse.

• Après avoir fait le même nombre de pas, reprenez à nouveau la direction de marche.

Suivre une courbe de niveau

Si votre direction indiquée par la boussole vous oblige à passer par une colline et par conséquent à faire un effort plus violent pour grimper et redescendre cette dénivellation, vous pouvez éviter cet obstacle, en suivant avec votre carte la courbe de niveau. En restant à la même altitude, vous contournerez la colline sans dépenser trop d'énergie. Cette technique semble simple au premier abord, mais en réalité est très difficile à exécuter.

Choisir un repère parallèle

Dans le cas où un obstacle élevé occulte votre point d'arrivée et que le relèvement est impossible, vous pouvez toujours choisir sur la carte un autre point remarquable du secteur. Ce repère parallèle très caractéristique vous permettra d'approcher au plus près de votre destination. Soit vous êtes suffisamment près pour atteindre votre objectif, soit vous faites de nouveau le point à la boussole pour finir votre parcours.

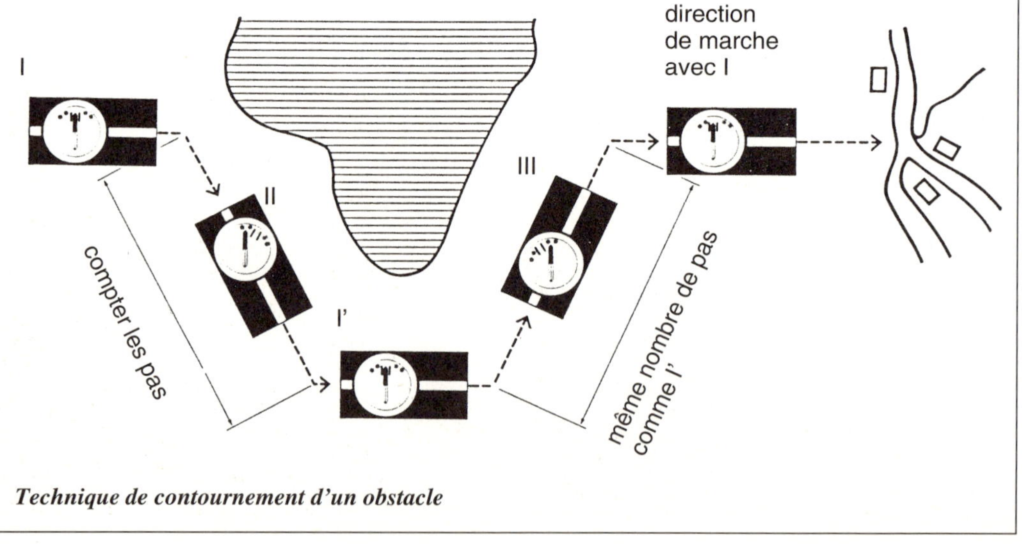

Technique de contournement d'un obstacle

L'équipement

L'équipement pour la course d'orientation

La tenue

Les courses de courte durée ne nécessitent qu'une tenue adaptée à la nature de la végétation et au terrain : une veste légère, très aérée, protectrice et munie d'une poche sur le devant permettant de contenir un crayon, sa carte, sa boussole et quelques aliments énergétiques (bonbons, sucre, chocolat, pastilles glucosées…).
Si la tenue est libre, on ne saurait trop conseiller le port de vêtements couvrants, tels tee-shirts à manches longues, gants, pantalons, guêtres, casquette ou bonnet pour se protéger du soleil ou du froid, des insectes ou des serpents.
Les spécialistes de la CO choisissent des tenues en tissu à mailles bloquées qui tiennent mieux aux « agressions » des branches et ronces et évitent les déchirures. Ce sont des tenues couvrantes. À noter qu'en Suède les manches courtes et les shorts sont interdits pour des questions d'hygiène.
Pour les jambes, on utilise de plus en plus des collants-guêtres qui sont confortables, protègent très bas et tiennent bien en place en raison de leur prise sous le talon (env. 300 F). En haut , les coureurs les accompagnent généralement d'une veste.

La tenue de sport doit être adaptée à ce type de compétition (Ph. B. Grelon)

Mis à part un dossard, l'orienteur à cheval est équipé d'une façon traditionnelle et pratique (Ph. DR)

Les guêtres

Indispensables à la protection des jambes, les guêtres se présentent sous deux formes :
– avec fermeture zippée sur la longueur, attache sur les lacets et cordon de serrage sous le genou (env. 130 F) ;
– avec prise sous le pied et serrage sous le genou par tissu élastique large. Selon les utilisateurs, elles sont plus souples et plus pratiques car elles ne tournent pas sur la jambe (entre 30 et 170 F).

Les chaussures

Il est important d'avoir une paire de chaussures adaptée à chaque type de course, en fonction de la nature du terrain, de la saison et du poids du paquetage.

Les chaussures de sport spécifiques à la course d'orientation ont des semelles à picots métalliques ou des crampons en composites de 8 mm de haut. Leur espacement assez lâche évite à la terre de rester accrochée. Elles sont souples, légères, mais présentent plus de risques d'entorses. Elles sont donc préconisées sur terrains relativement plats. Suivant les matériaux (crampons ronds moulés, plastique ou cuir), les prix vont de 250 à 550 F. Pour une meilleure tenue sur les rochers, on choisira des chaussures à crampons moulés carrés munis de picots en acier (de 550 à 650 F).
On trouve les mêmes chaussures de sport semi-montantes en toile ou en cuir souple qui maintiennent mieux les chevilles, à privilégier sur terrains accidentés (env. 600 F).

Enfin, le fin du fin pour les champions, ce sont des chaussures de compétition avec les pointes de cross au tungstène sur le devant et crampons carrés munis de picots en acier aux talons. Prix : env. 650 F.
Il est conseillé de ne pas porter des chaussures neuves lors de raids afin d'éviter les ampoules. Pensez à les « faire » avant.

Le matériel d'orientation

La boussole

Les boussoles d'orienteur sont légères, de lecture rapide, dotées d'une loupe et d'une aiguille large. Pour les compétitions, la marque suédoise Silva propose une boussole qui se fixe au pouce et complète la lecture de la carte (env. 200 F). Il existe également, chez le même fabricant, un modèle à pince qui se positionne sur le bord de la carte et permet de s'orienter rapidement. Attention, le boîtier ne tourne pas ! Poids : 22 g, prix : env. 70 F. Que ce soit chez Silva, Suunto, Recta (principales marques) ou encore le Vieux Campeur et Eschenbach, on trouve différents modèles de boussole-plaquette, plus ou moins techniques (de 60 à 200 F env.). Puis viennent les boussoles avec miroir de visée, celles qui sont luminescentes, d'autres qui possèdent un clinomètre et la possibilité de régler la déclinaison (voir le chapitre « Utilisation de la boussole »). Prix : moins de 300 F environ.

Légère, pratique, rapide : telles sont les qualités d'une boussole de CO (Doc. Suunto)

Les cartes

La course d'orientation ou le raid d'orientation ne s'improvisent pas, on le sait. La préparation du parcours est aussi essentielle que l'équipement qui l'accompagne. Pour cela, il faut se munir de cartes personnalisées ou détaillées et disposer éventuellement de documentation (en compétition, les cartes de CO sont systématiquement fournies aux compétiteurs). On utilise généralement des cartes aux échelles 1/15 000e et 1/10 000e, voire le 1/5 000e. Les moindres sentiers et les habitations, les rivières, les grottes et surtout le relief y sont représentés.
Les cartes les plus détaillés de l'Institut géographique national (IGN) sont les Série Bleue et Top 25. Prenant le relais des « cartes d'état-major », c'est ce qui existe de plus précis pour le grand public. Pour couvrir l'ensemble du territoire à l'échelle 1/25 000e (1 cm = 250 m), 1720 « Série Bleue » et 230 « Top 25 » ont été nécessaires. Sur la Top 25 qui couvre principalement le littoral, les forêts et les massifs montagneux, des renseignements touristiques viennent compléter ces informations : pistes équestres, refuges, campings, bases nautiques...

En CO, on utilise des cartes spécifiques à grande échelle, particulièrement détaillées (Ph. FFCO)

Pour la randonnée

Les cartes citées ci-après ne sont pas adaptées à la course d'orientation mais à la randonnée, voire à la promenade. Cependant il est nécessaire de connaître leur existence :

– *France – Les sites naturels d'escalade* offre une vision globale des endroits où l'on peut pratiquer ce sport, avec un classement en fonction de la hauteur et du niveau ;

– *France Grande Randonnée* présente l'ensemble de tous les GR qui sillonnent l'hexagone, soit 40 000 km de sentiers balisés ;

– *France VTT et Randonnées cyclo* intéresse aussi bien les cyclotouristes que les vététistes qui pourront « s'éclater » sur des itinéraires sélectionnés pour leurs attraits touristiques et leurs caractères régionaux pittoresques : circuit de Crozon et Monts de Bretagne, randonnée des châteaux en Sologne ou encore triangle ardéchois.

Par ailleurs, centres d'information, offices du tourisme et syndicats d'initiative disposent de documentations et dépliants tout à fait adaptés à vos besoins. Ainsi, par exemple, le département d'Eure-et-Loir (28) met à la disposition des visiteurs toute une série de fiches[1] pour des randonnées à pied, à bicyclette et à cheval. Une cinquantaine de dépliants techniques offrent un extrait de carte IGN au 1/25 0000e, un descriptif détaillé du circuit, une page consacrée aux curiosités et quelques éléments pratiques pour l'accès et l'hébergement.

1. Ces documents sont édités par divers pays d'accueil (vallée de l'Eure, haute vallée du Loir, Perche...), le Comité départemental du tourisme, le Comité départemental de randonnée pédestre et l'aide financière du Conseil général du Centre.

Les guides

Vrais sources de renseignements, les guides comme les guides IGN qui sont spécialisés dans les domaines de la randonnée compléteront votre information sur une région et vous permettront de préparer vos raids. On trouve également des guides dans les domaines du VTT (en particulier les « VTT-Évasion ») réalisés par l'ONF (Office national des forêts), du ski de fond et des raquettes.
Le guide *Gîtes et cheval*, édité conjointement par les Gîtes de France et la Fédération nationale du cheval, regroupe 200 adresses de vacances (gîte rural, chambre d'hôte, gîte de séjour, camping à la ferme...) où l'orienteur à cheval trouvera souvent « gîte et couvert », sans compter d'autres possibilités d'activités équestres.

En complément

Une petite trousse de secours contenant le matériel de premiers soins (voir *inra*), facilement transportable par l'entraîneur, des boissons et du ravitaillement seront disponibles aux relais.
Les vététistes penseront également à se munir du porte-cartes qui se fixe sur le guidon. De même les skieurs trouveront un porte-cartes rigide qui se fixe sur le devant de la poitrine à l'aide d'un système de sangles.
Enfin les lampes frontales, légères et pratiques, sont indispensables pour les courses de nuit.

L'équipement pour les raids d'orientation

Le sac à dos

En fonction de la longueur de la course, l'orienteur ne sera pas chargé de la même manière. Les raids nécessitent pour chaque coureur un matériel plus lourd ; il devra bien penser au poids de son sac, car de celui-ci dépend le succès. S'il est trop chargé, il sera ralenti dans sa course et se fatiguera beaucoup trop vite.
Le sac à dos du raideur doit être rempli de façon bien équilibrée. Les articles les plus lourds seront placés sur le dessus pour que son poids ne tire pas sur vos épaules. Il contiendra une tente munie d'un tapis de sol intégré (la plus légère est le modèle de la « canadienne »), un duvet, un réchaud, une casserole, des couverts en plastique, un couteau suisse de type Opinel, un nécessaire de toilette, des vêtements en fibre polaire, chauds et légers, une casquette ou un bonnet adaptés selon le type de course (en montagne, en VTT, ou dans les bois et la campagne), une trousse de secours, un crayon pour le traçage des cartes, une boussole.
Des sachets d'alimentation lyophilisés, moins lourds, des aliments énergétiques, de l'eau sont la priorité à donner dans le chargement de votre sac.
Un altimètre, des skis, des gants, pour les courses d'orientation de montagne. Une lampe de poche pour les raids de nuit.

Les chaussures

On privilégiera les chaussures montantes, ultra-légères, avec crampons munis de picots, modèle Cross High aux chaussures de randonnées en toile ou aux Rangers.
Pour les courses d'orientation en montagne il faut des chaussures spécifiques.
Pour les courses en VTT, les chaussures seront adaptées, montantes, pour une meilleure protection à travers les broussailles et parce que ces parcours se pratiquent souvent en partie à pied. Les

principales marques de chaussures de CO mais aussi de courses en montagne sont Nike, Adidas, Reebok, Salomon, etc.

La trousse de secours type

Pour l'entraîneur comme pour le sportif, les différents problèmes physiques rencontrés en course d'orientation nécessitent la constitution d'une trousse de secours que l'on aura soin d'avoir dans son paquetage.
On peut se procurer les différents produits que vous trouverez sur cette liste en pharmacie ou en parapharmacie, sans ordonnance sauf pour ceux qui concernent les allergies, les piqûres d'insectes ou morsures de serpent.

• *Petit matériel et matériel de contentions*
– Une paire de ciseaux ;
– du coton ;
– un thermomètre ;
– une couverture de survie ;
– des épingles de nourrice ;
– des rasoirs jetables (se raser avant de se bander en cas d'entorse) ;
– une éponge et un gobelet ;
– des sacs de congélation ;
– une pince à épiler (tiques, échardes) ;

Certaines compétitions du type raid-aventure font appel aux techniques de l'orientation et demandent un équipement bien particulier (Ph. Trophée Volvic)

– Élastoplast (bandes élastiques adhésives pour strapping en cas d'entorses ou de claquages musculaires) ;
– bandes collantes type Strappal ou Teetape (en cas d'allergie à l'Élastoplast pour les entorses et les claquages musculaires) ;
– attelles gonflables (pour les entorses graves ou les fractures).

• *Pour les plaies : nettoyage et désinfection*
– Compresses stériles (ne pas employer de coton pour le nettoyage et la désinfection d'une plaie) ;
– bandes Velpeau et Urgoband (bande cohésive) ;
– pansements adhésifs (boîte de différents formats) ;
– pour les ampoules, une boîte de Compeed ;
– pour les érosions cutanées et les brûlures, un tube de Cicaderma ;
– pour les coups de soleil, un tube de Biafine ;
– sparadrap de 2,5 cm ;
– en cas de coupures, une boîte de Stéristrip qui remplace dans un premier temps les points de suture.

• *Pour la peau*
– Un flacon de sérum physiologique et un de Mercryl laurylé (pour nettoyer les plaies) ;
– Éosine aqueuse ou Merfène incolore (pour désinfecter les plaies) ;
– alcool dénaturé à 60°.

• *Pour les yeux*
– Dacryosérum et sérum physiologique (pour la désinfection et le lavage) ;
– Coton-Tige (pour retirer les petits corps étrangers).

• *Pour les saignements*
– Un garrot (en cas de section artérielle) ;
– un flacon d'eau oxygénée (pour nettoyer une plaie saignante) ;
– une boîte de pansements hémostatiques type Stop-Hémo (petites plaies) et Coalgan (pour les saignements du nez ou de la bouche) ;
– pour les plaies saignant beaucoup un coussin hémostatique.

• *Pour la douleur*
– Des antalgiques type Aspirine, Doliprane, Efferalgan (en faisant attention aux allergies) ;
– Cryogel (pochette de froid instantané pour morsures, entorses, ecchymoses sans plaie ouverte...) ;
– crème Rap ou Meurtripan (pour les hématomes ou les contusions) ;
– baume Décontractyl ou tube de Srilane ou Voltarène Emulgel (pour les problèmes musculaires, articulaires et les crampes).

• *Pour les piqûres, les morsures et les allergies*
– Un petit flacon d'huile végétale ou d'essence de térébenthine ou de gasole pour étouffer les tiques ;
– pommades cutanées anti-allergiques type Parfenac, Actidilon ou Eurax ;
– une boîte de comprimés de Célestamine (à n'utiliser qu'en cas d'allergies graves et arrêt de la course car il y a risque de réaction positive aux tests antidopage) ;
– une ampoule d'Anahelp injectable (pour les allergies avec choc).
Ces deux derniers produits ne sont pas donnés sans ordonnance.

Cette liste présente l'essentiel mais n'est pas exhaustive, et chacun apportera le complément nécessaire adapté à chaque sorte de course d'orientation suivant ses besoins ou à la demande des organisateurs de course.

ADRESSES UTILES

Quelques marques et fournisseurs

Silva France
Parc Industriel de la Vaucouleurs
12, rue de la Cellophane
78200 Mantes-la-Ville
Tél. : 01 30 92 66 22
Fax : 01 34 78 49 83
(partenaire officiel de la FFCO)

Azimut 68
68127 Sainte-Croix-en-Plaine
(vente par correspondance)
Tél. : 03 89 22 04 25

Azimut 68
15, rue des Frères Lumière
68000 Colmar
Tél. : 03 89 41 14 96
Fax : 03 89 41 49 00

Orientsport
6, rue de la Motte
27120 Houlbec Cocherel
(vente par correspondance)
Tél. : 02 32 26 24 09
Fax : 02 32 26 27 47

Intersport Caribou
86, Grande Rue de la Croix-Rousse
69004 Lyon
Tél. : 04 78 29 50 90

Lafuma
BP .60
26140 Anneyron
Tél. : 04 75 31 31 31

Sup'Air
14, av. des Vieux Moulins
74000 Annecy

Francital SA
« Le Valjoly »
42290 Sorbiers
Tél. : 04 77 53 00 80
Fax : 04 77 53 45 14

Go Sport, Au Vieux Campeur,
La Hutte Intersport, Décathlon, etc. :
un peu partout en France et à Paris.
Disposent de rayons spécifiques.

Isostar
BP 106
31250 Revel
Tél. : 05 62 18 73 73

Cartes

FFCO
37, av. Gambetta
BP 220
75967 Paris Cedex 20
Tél. : 01 47 97 11 91
Fax : 01 47 97 90 29

Cartes IGN : en vente dans les librairies
(liste des points de vente, 3615 IGN)

Institut Géographique National
107, rue de la Boétie
75008 Paris
Tél. : 01 43 98 83 00

Institut Géographique National de Lyon
8, av. Condorcet
69100 Villeurbanne
Tél. : 04 72 69 06 30

L'initiation

La course d'orientation à l'école

En 1996, 250 000 enfants ont parcouru les forêts de France dans le cadre des cours d'éducation physique, et les fédérations scolaires USEP, UGSEL, UNSS ont permis des rencontres dans le cadre des différentes associations sportives dans les écoles primaires et secondaires. La course d'orientation constitue un atout de plus pour l'enseignant, car elle impose à l'enfant de réfléchir, d'être attentif, d'observer, de faire travailler sa mémoire et de prendre des décisions. Elle permet de découvrir la nature par le sport. Elle permet à l'enfant d'affirmer son autonomie par rapport à son environnement, d'exercer des responsabilités personnelles, de faire des hypothèses, d'expérimenter, de gérer l'espace et le temps, d'aller vers la maîtrise de milieux physiques connus et inconnus. Ainsi l'enfant doit prendre une décision

L'initiation à la CO pour les plus jeunes est une passionnante aventure qui les amène à une découverte progressive de l'environnement (Ph. DR/UGSEL)

rapidement (choix de l'itinéraire) et s'affirmer auprès de ses camarades (imposer son choix). En outre, la course d'orientation permet de sensibiliser les enfants à l'observation de l'environnement et de retrouver dans la nature les éléments naturels du relief figurant sur la carte.

Si un Trophée du jeune orienteur, qui se déroule simultanément dans toutes les régions de France, permet de récompenser chaque année des jeunes de 9 à 14 ans, nous verrons que le travail d'initiation se fait également à différentes échelles, aussi bien au niveau d'une classe ou d'une école que sur l'ensemble d'une région.

Dans le cas des approches individuelles, celle réalisée à l'école du Sacré-Cœur à Saint-Chély-d'Apcher (Lozère) est intéressante. Dans l'esprit « environnement-écologie » actuel, l'équipe d'EPS (éducation physique et sportive) a monté, avec une classe de 4e techno, un projet en collaboration avec les professeurs de mathématiques, technologie et géographie. À partir d'un plan cadastral modifié, ils ont établi une carte style CO et créé, dans le cadre de la propriété du collège, un parcours permanent de course d'orientation adapté aux dimensions des lieux.

Une école, une carte

Dans le département de la Loire, la course d'orientation est devenue un sport très pratiqué par les élèves au travers des structures habituelles des fédérations sportives scolaires et dans certains clubs qui animent une école de CO le mercredi après-midi. Partant de ce principe, l'idée a été lancée en 1993 de créer pour chaque école une carte de course d'orientation.

Sous l'appellation générique : « Une école, une carte », le projet a pris forme. Il s'agit d'établir environ 100 cartes sur quatre à cinq ans. Le coût estimatif est chiffré à 6 000 F du kilomètre carré. A commencé alors la course au financement qui doit se répartir entre l'école, la mairie, le conseil général et le comité départemental de course d'orientation de la Loire.

En 1994, le conseil général finit par accorder une subvention exceptionnelle de 45 000 F, alors que par ailleurs des conventions voient le jour avec des villes comme Saint-Étienne. Un certain nombre de cartes sont alors établies.

En janvier 1995, une réunion de concertation entre les conseillers pédagogiques et le CDCO (Comité départemental de course d'orientation) permet d'effectuer les choix pour la suite du projet.

« Si l'objectif général du développement de la CO en milieu scolaire était évident pour tous, raconte Bernard Paret, secrétaire du CDCO de la Loire, encore fallait-il que chaque partenaire le fasse sien. Pour les enseignants, c'est l'intérêt pédagogique indéniable de l'activité qui a prévalu, ainsi que le besoin d'outils (les cartes) pour la mise en application. Pour les clubs de CO qui ne peuvent se développer, voire survivre, sans apport de jeunes pratiquants, c'est l'ouverture sur ce potentiel de pratiquants éventuels qui a été retenue. »

Une fois cet objectif défini, l'outil mis à la disposition des différents partenaires a été tout d'abord l'ouvrage de référence : *La Course d'orientation de l'école au club*, réalisé par des enseignants du primaire UFOLEP-USEP et des orienteurs de la FFCO, l'autre moyen étant les cartes d'orientation existantes. Résultat de l'opération : une dizaine de cartes nouvelles sont réalisées en 18 mois.

Une expérience exemplaire : le Verduro

Menée depuis plusieurs années, la manifestation intitulée « Verduro » qui se déroule dans le Nord et à l'initiative des responsables pédagogiques de l'Union générale sportive de l'enseignement catholique (UGSEL), incite des élèves de plus en plus nombreux à découvrir différents sites de la région. Cette journée consacrée au départ à la randonnée pédestre a progressivement assimilé des projets dans des domaines comme l'écologie ou les activités d'orientation.

Liée à la volonté de divers enseignants, cette simple découverte de la campagne sous forme de randonnée, se transforma en initiation à la course d'orientation. Bruno Grave, animateur-formateur DDEC Lille de l'UGSEL Primaire Nord[1] explique : « Plusieurs types de parcours furent étudiés et proposés aux classes : du parcours de curiosité (GS-CP) à la course d'orientation par classe (CM2), tous étaient constitués selon une progression vers l'activité sportive. » Plusieurs partenaires participent à cette manifestation : les étudiants du CFP de Lille pour la conception et l'animation des parcours, l'Office national de la forêt (ONF), l'Espace naturel régional (ENR) et une municipalité qui apporta un soutien logistique. Chaque année le Verduro attire plusieurs milliers de participants.

« La rencontre en est un des maîtres mots, poursuit Bruno Grave. Il ne s'agit pas ici d'une rencontre sportive à proprement parler, même si les notions de défi, voire de compétition ne sont pas totalement absentes de la course d'orientation. Il ne s'agit pas non plus d'une manifestation de masse recherchant un nombre maximal de participants : ceci ne permettrait pas pratiquement et qualitativement la découverte d'un parcours. Il s'agit plus de se retrouver sur un parcours pour rencontrer ce patrimoine naturel et peut-être pour partager avec d'autres un morceau d'aventure. »

Forts de leur expérience passée, les responsables du Verduro sont toujours attentifs au rôle pédagogique de cette manifestation, qui rentre ici, on le constatera, dans le travail d'initiation à la CO. C'est pourquoi il est intéressant de connaître l'analyse et l'orientation de cette opération, telle que la décrit Bruno Grave.

« Les parcours sont conçus comme des jeux de randonnée-orientation de plus en plus complexes et approchant (ou préparant) le code sportif de la course d'orientation. On retrouve ainsi, au niveau 1, le *parcours de découvertes*, simple randonnée de 4 à 5 km où les enfants de GS-CP peuvent observer une foule de choses intéressantes. Au niveau 2, le *rallye-photos* consiste pour les CP-CE1 à retrouver au long de leur randonnée des lieux réels dont ils ont eu les photos avant de partir. Les CE, au niveau 3, réalisent un *jeu de piste* sur environ 7 à 8 km au cours duquel ils ont à décoder les messages de leur feuille de route, lire la carte et répondre à quelques questions concernant leur itinéraire. »

« Au niveau 4, les CM sont confrontés à un *parcours d'orientation* (environ 10 à 12 km). Même si ce jeu s'inspire fortement du jeu de piste, l'accent est mis ici sur des notions liées à l'orientation (points cardinaux, utilisation ponctuelle de la boussole, lecture de la carte IGN). Enfin, les CM2 peuvent participer à la *course d'orientation* par classe. Il s'agit, pour chaque classe partant d'un même point de départ et à un moment diffé-

1. Les citations sont extraites de l'article « Verduro, une expérience venue du Nord », publié dans la revue de l'UGSEL *Sport Éducation,* n° 68.
DDEC : Direction départementale de l'enseignement catholique.

rent, de retrouver cinq "balises" et d'y poinçonner sa feuille de route (course en ligne). La position de chaque balise est donnée sous forme de deux informations, l'azimut et la distance par rapport à la balise précédente (ou au départ). Le circuit à réaliser se situe généralement entre 12 et 15 km. Aucun résultat n'est donné le jour même, sinon le temps mis pour faire l'épreuve. Un classement peut être communiqué ultérieurement. On comprend aisément que ce type d'activités s'adresse à des classes s'étant sérieusement préparées. »

Nous laisserons, une nouvelle fois, Bruno Grave tirer les conclusions de cette opération qui correspond complètement au système éducatif : « Le Verduro s'inscrit dans le projet de l'ONF et de l'ENR dont la connaissance du patrimoine naturel de la région et le respect de celui-ci en sont les objectifs. Cela rejoint tout à fait les derniers textes officiels qui soulignent l'importance d'une éducation "au respect du bien commun et du cadre de vie par l'initiation à la gestion de l'environnement" et celle du "sens de la responsabilité personnelle et collective face aux problèmes liés à l'environnement et aux atteintes qu'on lui porte". »

Quant à l'apport pédagogique, il est très vaste et très divers : « Les productions observées dans les classes, les comptes rendus obtenus ou entretiens menés avec les enseignants attestent cette ouverture interdisciplinaire que permet le Verduro. Pour tel enseignant, c'est l'occasion, par exemple, d'appréhender autrement des notions de géographie physique : notions liées au relief et à sa représentation, notions de cartographie... Pour tel autre, les activités d'orientation proposées permettent d'aborder des notions mathématiques telles que celles d'échelle, d'unités de mesure de longueur, de leur correspondance... Pour d'autres encore, c'est la production d'écrits qui, stimulée par l'aventure vécue, est exploitée au retour... »

« Le "dénominateur commun" de ces expériences rapportées réside dans le lien entre le vécu et les apprentissages réalisés. C'est parce qu'il y a ce vécu que certains apprentissages sont motivés et prennent sens. Ce vécu, c'est d'abord celui des parcours, des activités physiques, des jeux d'orientation... Ce sont eux qui génèrent, permettent des activités de préparation, des observations, des exploitations... Par ce type d'activités, l'EPS (éducation physique et sportive) participe ainsi à l'acquisition de notions dans d'autres disciplines et le Verduro réalise un de ses objectifs essentiels : celui de favoriser une approche sensible de ces notions. »

Cette action se prolonge également sur l'ensemble de la fédération sportive scolaire UGSEL par une action d'initiation tout au long de l'année. Des fiches pédagogiques pratiques sont ainsi publiées dans chaque numéro de *Sport Éducation*. Elles permettent aux enseignants de donner aux jeunes élèves du primaire le goût de l'observation et des rudiments d'orientation.

Les objectifs de la démarche d'apprentissage

Nous compléterons ce dossier sur l'approche pédagogique, par la réflexion établie par Michel Devrieux, directeur technique adjoint FFCO, chargé de la formation qui, partant de la définition générale de la course d'orientation, en extrait les éléments « essentiels » qui deviendront des « objectifs » dans la démarche d'apprentissage.

Aspect moteur ou énergétique : la course

On aborde trop souvent la CO par l'orientation, la course étant passée sous silence (les enfants se contentent de marcher). Or l'objectif du déplacement est d'être rapide. La CO sera donc abordée par la course, au même titre que l'endurance (qu'elle recoupe en bien des points). Les situations d'apprentissage prendront en compte cette exigence qui replace d'emblée l'orientation dans l'EPS.

Aspect affectif : l'autonomie

En CO, comme dans d'autres activités, un objectif majeur est de rendre l'enfant autonome. On devra donc privilégier la pratique individuelle ou tout au moins y tendre dès la découverte, en proposant des situations adaptées aux enfants. Ils pourront ainsi se confronter individuellement au choix entre la sécurité et la prise de risque dans leurs itinéraires.

Aspect informatif ou cognitif : l'utilisation de la carte

La relation constante « terrain-carte » ou « carte-terrain » est essentielle. Se retrouve en CO, comme dans d'autres activités sportives, le problème majeur de l'information et de son traitement. Ici, l'enfant est submergé d'informations visuelles. Or, on sait que jusqu'à 12-14 ans, il porte son attention sur beaucoup plus d'informations qu'il n'est nécessaire, d'où sa lenteur et ses hésitations.

Un des objectifs majeurs de la CO est de rendre l'enfant autonome (Ph. Jacky Ribeyre-UGSEL)

Remarque : il convient, en début d'apprentissage, de réduire cette charge d'informations à traiter par les enfants. Les documents doivent être adaptés, les parcours ou le milieu aménagés pour réduire la complexité des tâches et diminuer l'incertitude, etc. L'objectif consiste à aider l'élève dans la sélection des informations essentielles et les plus pertinentes.
Favoriser la réussite renforcera le déplacement couru. À cet égard, l'utilisation de la boussole comporte plus de risques que d'avantages, et nous l'écarterons délibérément.

Aspect naturel et rustique : le milieu

La CO ne peut se concevoir qu'en milieu semi-naturel ou naturel. Un cycle se déroulant uniquement en terrain aménagé, sans difficulté naturelle, manquerait son objectif.
L'enfant doit courir en se repérant sur le terrain varié, d'abord connu, puis inconnu (ou semi-connu). On peut très bien concevoir la découverte de l'activité en pleine nature quasi inconnue si les conditions nécessaires sont remplies (parcours jalonnés, etc.).

Aspect relationnel : le traçage

En CO, une corrélation étroite existe entre le traceur et le coureur (possibilité de choix d'itinéraire, emplacement des postes, logique du parcours). Pour nous, l'aspect relationnel se concrétise à travers des objectifs pédagogiques de l'enseignant proposant des parcours adaptés, mettant en valeur les aptitudes à développer et les capacités requises.
Les parcours ou les situations doivent avoir une logique, favorisant les réponses ou les comportements recherchés.

Les « espaces sport d'orientation »

Avec le développement des sports d'orientation, la FFCO est de plus en plus sollicitée pour créer des parcours permanents d'orientation. En effet, de nombreuses municipalités se tournent vers ce type d'animation sportive de pleine nature. Il s'agit en fait d'implanter un réseau de postes relativement solides, installés sur des détails caractéristiques du terrain, permettant toutes

Définition de la course d'orientation	*Objectifs*	*Conséquence sur l'apprentissage*
1. Course individuelle	Autonomie	Pratique individuelle précoce
2. Contre la montre	Course	Aspect foncier
3. En terrain varié généralement boisé	Le milieu	Pratique en milieu naturel
4. Trouver des postes,	Traçage	Choisir le meilleur itinéraire
5. À l'aide d'une carte	Utilisation d'une carte CO	Relation carte-terrain

les pratiques de l'orientation : marche, randonnée, course, vélo tout-terrain, ski de fond... Libre d'accès, ce circuit s'effectue à allure libre, seul ou à plusieurs.
Ce réseau figure sur une carte-mère placée sur un panneau d'information. Les cartes spécifiques en couleurs (du 1/5 000e au 1/30 000e) sont disponibles auprès des organismes acceptant d'en assurer la diffusion : établissements scolaires, associations, clubs, centres de vacances, mairies, syndicats d'initiative.

Quatre niveaux de pratique

Cette activité sportive propose quatre niveaux de pratique, chacun étant représenté par une couleur : vert, bleu, jaune et rouge. À noter qu'à chaque niveau correspond un circuit court et un circuit long.

Vert : circuits pour orienteurs débutants
Pour les enfants, les scolaires, les familles et ceux qui veulent découvrir l'orientation.
Sur une carte spécifique, 20 postes variés et accessibles à tous, proches des chemins, composent des circuits permettant de découvrir la forêt en apprenant à lire la carte.

Bleu : circuits pour orienteurs initiés
20 postes facilement accessibles, à découvrir sans trop s'éloigner des chemins.

Jaune : circuits pour orienteurs confirmés
20 postes parfois difficiles à découvrir, permettant de tester ses compétences d'orienteur. Il est nécessaire de savoir lire et utiliser convenablement les cartes. Utilisation possible de la boussole.

Rouge : circuits test pour orienteurs aguerris
20 postes sur des sites variés, d'approche très technique. Il faut parfois traverser la forêt en suivant un azimut à la boussole, suivre une courbe de niveau, franchir un marais.

La France compte actuellement une trentaine de parcours permanents. Nous citerons ci-après, pour ceux qui voudraient les tester, quelques-uns parmi les plus importants. On trouve ainsi, en région parisienne, un au Plessis-Robinson (Val-de-Marne) et le parc de Sceaux ; à Lyon, le parc de la Croix-Laval ; à Annecy, Les Puisots ; Limoges, le bois de la Bastide ; à Saint-Étienne, Le Bessat ; à Lacanau, la forêt de Bombannes ; à Rennes, le parc de Bréquigny, et à Brest, le parc Keroual.

Deuxième partie

SE PRÉPARER À LA COURSE D'ORIENTATION

L'entraînement en course d'orientation

Pour améliorer sa performance, l'orienteur est soumis à certaines règles d'entraînement. Trois domaines distincts recouvrent trois types de préparation :

– la préparation physique, dont le domaine est biochimique, est l'analyse des systèmes énergétiques prédominants ;

– la préparation psychologique, dont le domaine est bioinformationnel, est l'analyse de la fonction d'orientation ;

– la préparation technique, dont le domaine est biomécanique, est l'analyse de la tâche.

Le domaine biochimique

L'efficacité d'un mouvement est liée aux capacités à utiliser ses réserves disponibles et à leurs possibilités de mobilisation, de transport et d'utilisation au cours de l'entraînement. Ce sont les capacités énergétiques.

Définition[1]

Chaque source énergétique est caractérisée par une capacité, une inertie de mise en jeu, une puissance maximale et une endurance.

1. Les définitions et sources ont été tirées du dossier « Formation » établi par la FFCO.

La *capacité*, ou contenance du système, est la quantité totale d'énergie disponible. Lors d'un exercice, si l'énergie est disponible rapidement, au débit maximal, le système est dit puissant. Si le débit est sous maximal prolongé, le système est dit endurant.

L'*inertie* est le délai nécessaire pour que le système entre en jeu d'une manière prépondérante afin d'assurer l'essentiel de l'apport énergétique à l'exercice.

La *puissance maximale* équivaut au débit maximal ou quantité d'énergie susceptible d'être fournie par unité de temps.

La PMA (puissance maximale aérobie) est la plus petite puissance pour laquelle est atteinte la consommation maximale d'O^2 (oxygène). On qualifie souvent les exercices d'entraînement en fonction de la PMA.

Lorsque l'intensité de l'effort est supérieure à la PMA, on dit que les exercices sont supramaximaux.

Lorsque l'intensité de l'effort est égale à la PMA, on dit que les exercices sont maximaux.

Lorsque l'intensité de l'effort est inférieure à la PMA, on dit que les exercices sont inframaximaux.

L'*endurance* est la faculté de maintenir le plus longtemps possible un certain pourcentage de la puissance. La connaissance de la puissance maximale est donc nécessaire pour mesurer l'endurance d'un métabolisme.

Pour s'améliorer en CO, l'orienteur doit mieux comprendre son processus physiologique pour obtenir de meilleures performances (Ph. B. Grelon)

Les différents systèmes pourvoyeurs d'énergie

La préparation physique revient, en partie, à développer et à utiliser au mieux les systèmes qui peuvent fournir de l'énergie.
Au cours d'un exercice physique, vous consommez de l'énergie. Si l'on veut analyser le principe, on sait que cette énergie est libérée dans la fibre musculaire sous forme d'énergie physique. Cette dernière se transforme en énergie mécanique grâce aux myofilaments (actine et myosine) assurant ainsi la contraction du muscle.
Plus la quantité d'énergie chimique est grande, plus les muscles de l'athlète seront à même de produire un effort plus ou moins rapide, ou plus ou moins long. Pour fournir l'énergie nécessaire à la contraction musculaire, on dispose donc d'un carburant, l'ATP (adénosine triphosphate), mais dont la faible concentration ne permet pas un fonctionnement prolongé. Heureusement l'organisme sait y remédier grâce à des systèmes de production d'énergie liés à la durée et à l'intensité de l'effort. Ainsi, lors d'un exercice, en fonction de l'intensité, de la durée et de la récupération, un système sera privilégié par rapport aux autres.

Les systèmes anaérobie

Le *système anaérobie alactique* : en réserve dans le muscle, les carburants (ATP et CP [créatine phosphate]) sont utilisés immédiatement et directement dès le début de l'exercice. Ce processus se déroule de façon anaérobie (sans utilisation d'oxygène) et sans production de déchet. C'est-à-dire que ce système apporte une très grande puissance pendant un temps très réduit d'environ 7 à 8 secondes.
Le *système anaérobie lactique* : environ 50% des réserves de carburant étant utilisées, l'énergie est fournie par la glycolyse anaérobie, c'est-à-dire la dégradation des sucres et du glycogène (ce qui entraîne la formation d'acide pyruvique). En l'absence d'oxygène, une suite de réactions permet de reconstituer de l'ATP, mais avec constitution d'un déchet, l'acide lactique dont l'accumulation va limiter la durée de l'effort à haute intensité. Ce système est puissant mais a une faible capacité. Lors d'un travail supramaximal, 30 à 50 secondes, l'énergie provenant de la glycolyse anaérobie ne peut durer que quelques secondes, et sa capacité peut être prolongée de 2 à 3 minutes.

Le système aérobie

Quand un exercice se prolonge au-delà de 2 à 3 minutes c'est l'oxydation qui permet l'essentiel de l'approvisionnement énergétique. Elle s'accompagne d'une baisse de l'intensité de l'exercice. Les réactions chimiques se déroulent en présence d'oxygène et sans production

de déchet. Ce système permet d'utiliser (oxyder) les glucides, lipides et protides dans des activités physiques de moyenne ou de longue durée et d'intensité modérée. La grande capacité de ce système peu puissant permet de produire de l'énergie pendant plusieurs heures et de restaurer les réserves énergétiques de l'athlète après l'effort.
Ces trois mécanismes pourvoyeurs d'énergie se mettent en jeu simultanément lors d'un effort. L'inertie des deux systèmes anaérobies est inférieure à celle du système aérobie. Leur puissance maximale respective est atteinte dans des délais différents.
Il est donc primordial que le sportif travaille très sérieusement son système aérobie, le bilan énergétique de tout effort étant en général aérobie.

Le domaine bioinformationnel

En course d'orientation, les facteurs psychologiques ont une grande place. L'entraîneur et les instances fédérales prennent en compte les différents aspects de la réussite sportive, tout particulièrement ceux qui permettent de mieux connaître la personnalité du coureur. Entrent en jeu tant les facteurs psychologiques (affectifs, cognitifs, perceptifs) que sociologiques (environnement, milieu familial, scolarité...) qui sont déterminants dans la réussite sportive, dans les performances, le déroulement de carrière, la maîtrise des stress...

Le domaine biomécanique

C'est la mesure du mouvement et des formes qui créent le mouvement. En course d'orientation, l'athlète est constamment confronté à toutes sortes d'obstacles, toutes sortes de terrains. Ces différents aspects donnent à l'orienteur une motricité qu'il doit adapter au terrain rencontré. Favoriser l'entraînement en tout-terrain sera essentiel pour améliorer sa performance.

Voici les attitudes à adopter en fonction du terrain :

Sur terrain plat : l'orienteur adoptera une foulée économique rasante (de type coureur de fond sur piste), avec une levée des genoux plus importante et, suivant la nature du sol, une poussée du pied plus ou moins forte. Il sera donc nécessaire pour le coureur de travailler ses foulées.

On travaillera les différentes formes de foulées en fonction de la nature des terrains (Ph. B. Grelon)

Sur terrain couvert de végétation : il adoptera une foulée où la levée des genoux et des pieds sera plus importante. Il s'aidera de ses bras.

Sur un terrain en pente : lors d'une montée, le buste devra rester légèrement penché en avant. Il ne faudra pas négliger l'effort fourni par l'obligation de poussée maximum des pieds, des jambes et des cuisses.
En descente, le bassin doit être fixé. L'essentiel est dans l'agilité et le maintien de l'équilibre à l'aide de ses bras. À l'entraînement, il y aura lieu de tester l'agilité des coureurs en les faisant travailler sur des terrains à risques.

Sur un terrain à végétation dense : chacun adoptera sa propre technique en fonction de sa morphologie pour la meilleure efficacité (courir le plus vite possible en position semi-fléchie). Sur ce genre de terrain, c'est le souffle qu'il faut apprendre à maîtriser, car la position semi-fléchie a tendance à bloquer la respiration.

Sur terrain avec franchissement d'obstacles : il faudra une puissance variable du corps et des jambes et une bonne coordination des mouvements selon que l'obstacle sera franchi en posant le pied dessus ou en le sautant, comme lors des sauts de haies. Rappelons que le saut d'obstacle se fait en plusieurs étapes qui sont, l'impulsion, le franchissement, la réception alliés à une bonne coordination bras-jambes ainsi qu'à une puissance du train porteur et de la chaîne des stabilisateurs. Des exercices de franchissement et de musculation spécifiques devront être pratiqués.
À l'entraînement, le coureur d'orientation devra acquérir une maîtrise suffisante pour adapter ses mouvements au plus vite en fonction du terrain, devant un obstacle inopiné. Il devra apprendre à ne pas être perturbé par la lecture de sa carte ou de sa boussole (tout en continuant à courir il lui faudra apprendre à immobiliser ses bras pour se repérer sans perdre l'équilibre), ni par l'éventuelle perte d'équilibre occasionnée par le poids de son paquetage.

La préparation physique générale

Pendant l'hiver

La saison hivernale, qui se déroule d'octobre à mars, sera propice à un travail d'entraînement permettant d'entretenir ses points forts et de développer ses points faibles. Le contenu de ces séances devra comporter :
– des exercices d'assouplissement et d'étirement (articulations, muscles) ;
– de la musculation avec ou sans charge ;
– des exercices spécifiques de renforcement des points faibles ;
– des exercices de coordination musculaire.
Nous vous proposerons dans le chapitre suivant quelques exercices de musculation et de stretching. Ils sont là à titre d'exemple et peuvent être largement complétés par des exercices spécifiques en relation directe avec les besoins de chacun et, surtout, avec l'épreuve préparée. Ainsi sera-t-il intéressant de travailler avec un partenaire qui représente en particulier une force d'inertie (charge à déplacer, résistance contrôlée du mouvement réalisé par l'autre). L'athlète pourra également travailler sa musculation avec d'autres matériels que les haltères (médecine-balls, ballons, cordes, bâtons) ou utiliser le terrain (sable, rochers, arbres, collines...).

Se muscler toute l'année

Les indications fédérales proposent un programme de musculation qui peut se répartir ainsi :

Hors saison
En octobre et novembre, les séances de préparation physique générale seront consacrées à la gymnastique de musculation. Elles permettront d'effectuer le bilan des points forts et des points faibles de l'athlète.
De décembre à mars, on cherchera à renforcer les points faibles et les qualités de base de l'activité. Le travail portera sur l'endurance, la résistance et la puissance musculaire.

Pré-saison
Il est nécessaire durant cette période de travailler la musculation en mouvement, c'est-à-dire la plus proche possible de la course d'orientation. Il s'agit d'effectuer une musculation naturelle du train porteur.

Saison
En général, à cette période, les compétitions, les déplacements, les temps de récupération se succèdent, et il est difficile de continuer les séances de musculation. L'athlète essaiera de conserver ses acquis en jouant sur l'intensité des séances.

Des techniques d'entraînement

Il n'y a pas de méthode universelle pour s'entraîner. Il faut avant tout se connaître sur le plan physique, analyser ses faiblesses et chercher à s'améliorer. Les différents programmes d'entraînement que nous vous indiquons ci-après sont ceux proposés par la FFCO à travers son dossier de formation destiné à ses cadres techniques. Il nous a semblé intéressant d'en reprendre les grandes lignes, pour que chacun puisse s'en inspirer afin de créer son propre programme d'entraînement.

Le circuit training

Ce programme se compose d'un certain nombre de stations où des exercices particuliers doivent être exécutés dans un certain délai. Le circuit est terminé lorsque toutes les stations sont réalisées. Les exercices des différentes stations sont en général des exercices de musculation mais on peut y inclure des exercices de course, d'étirement, d'habilités particulières à la discipline, etc.
Le circuit comprend 6 à 15 stations et doit durer, pour développer l'endurance musculaire, de 5 à 20 minutes. Cette forme de travail doit amener le sportif à l'épuisement progressif des réserves de glycogène.
Pour le travail en résistance ou puissance musculaire, la durée des circuits est de 3 à 5 minutes. Les modalités sont les mêmes qu'en endurance, mais les exercices sont exécutés à une intensité supérieure et ont un caractère spécifique à l'activité.
La progression en difficulté ou en intensité peut se faire :
– sur le nombre de circuits à réaliser dans un temps donné ;
– sur le nombre d'exercices à exécuter sur le circuit ;
– en regroupant, à la suite les uns des autres, des mouvements sollicitant la même région musculaire pour l'épuiser ;
– en augmentant les répétitions au sein des exercices ;
– en marquant plus nettement le rythme dynamique.
Naturellement ce travail s'exécute au chronomètre. L'intervalle entre les stations s'effectue en général sans temps de repos, mais il est possible d'accorder 15 à 20 secondes. Les stations durent environ 30 secondes et la récupération est de l'ordre de 5 à 10 minutes.

L'entraînement de type réactif

Cette méthode de musculation utilise les propriétés d'étirement et de raccourcissement du muscle et peut permettre une amélioration de la capacité physique du coureur.

On emploiera donc :

– les sautillements : renforcement de la cheville et du triceps sural ;

– les bondissements : renforcement du train porteur et des stabilisateurs du bassin ;

– le saut cloche-pied alternatif : renforcement des stabilisateurs du bassin ;

– les 5 multibonds, en 5 séries de 10 répétitions : établir la progression ;

– des courses sautées sur 50 m, avec 3 à 5 séries de 3 à 5 répétitions : force et endurance ;

– les sauts de haies.

Les parcours naturels

Ce travail sur le terrain vous permettra de travailler votre condition dans une forme très proche de la course d'orientation. Outre le fait de ne pas nécessiter de matériel, ses autres avantages essentiels sont de permettre :

– de corriger le placement du bassin ;

– d'améliorer les problèmes de mobilité, poussée, coordination ;

– de rechercher une dissociation tronc/jambes et une décontraction du haut du corps.

Concrètement, il s'agit d'effectuer des séries de tours avec quelques minutes de récupération, sur un circuit de 300 à 400 m dont le tracé comportera montées, descentes et sol varié. Les pentes raides de courte distance (10-20 m) développent la puissance musculaire ; les pentes faibles de longue distance (40-100 m) développent l'endurance musculaire et organique.

L'entraînement à la course

Différentes méthodes sont également possibles avec les *courses continues très longues*, représentant 2 à 3 fois la distance de course ; les *courses continues rapides* d'intensité supérieure, mais sur des distances plus courtes ; ou encore l'*entraînement par intervalles* caractérisé par des périodes de travail entrecoupées de périodes de récupération.

Le *fartlek* est une forme d'entraînement généralement utilisée en nature et qui se rapproche de la course d'orientation. Il est composé de toutes les cadences de course. La durée totale de la séance va de une à deux heures. L'intensité, la durée, le nombre des différentes séquences de courses à l'intérieur de la séance, ainsi que les temps de récupération sont laissés au libre choix en fonction du profil du terrain et de vos impulsions du moment. Ce procédé peut développer les capacités aérobie et anaérobie.

Un entraînement en pleine nature vous permettra d'être dans des conditions proches de celles de la compétition (Ph. B. Grelon)

La préparation physique

La course d'orientation demande, comme tous les sports, un entraînement faisant appel à la puissance musculaire. Coureurs, fondeurs, cyclistes savent qu'il est nécessaire, pour faire de bonnes performances, de se préparer en faisant travailler des groupes de muscles (épaules/bras, fessiers/cuisses, etc.) par des exercices de musculation.
Ce chapitre vous propose quelques mouvements que chacun peut pratiquer chez soi, sans matériel particulier. Par ailleurs, le stretching, discipline d'étirement, est un élément indispensable qui permet à la fois d'améliorer ses performances et d'éviter les accidents comme les tendinites. Ces mouvements d'assouplissement se révèlent très utiles pour les articulations, les tendons et l'échauffement des différents groupes de muscles.

Le lieu

Votre salle de séjour, votre chambre, votre garage ou votre jardin, bref, trouvez un espace suffisamment grand pour bouger et faire vos mouvements sans vous cogner aux meubles ou aux murs. Pour les exercices couchés, une moquette ou un tapis de gymnastique se révéleront plus agréable que parquet ou béton.

La tenue

Les vêtements à porter pendant les exercices doivent laisser beaucoup d'aisance au corps et permettre une saine transpiration. Body, maillots, tee-shirts, shorts, tout est bon du moment que l'on se sent à l'aise.

Le matériel

Pour la musculation, nous vous proposons de vous munir éventuellement de petites haltères, matériel peu coûteux que chacun peut se procurer en magasin et qui est souvent évolutif.
Ceux qui disposent d'un vélo d'appartement ou d'un rameur compléteront leur entraînement par ce type d'exercice l'hiver. Pour les beaux jours, la bicyclette, le jogging, des courses sur le terrain sont vivement conseillés.

S'échauffer

Avant de commencer un travail de musculation ou d'étirement, il est nécessaire d'échauffer tous les grands groupes musculaires du corps, afin d'obtenir un état de préparation physique et psychologique optimale.

Objectifs d'un échauffement

• Augmenter la température du corps.

• Améliorer la capacité de performance sportive et prévenir des blessures par la même occasion.

• Préparer le corps au travail de musculation.

• Augmenter la fréquence du rythme cardiaque.

• Développer l'irrigation sanguine et par conséquence l'oxygénation des muscles.

• Faciliter la mobilité articulaire et l'allongement musculaire.

• Avoir la bonne stature (dite athlétique).

• Ajuster l'équilibre.

Quel échauffement choisir ?

Les mouvements doivent être effectués à allure modérée en mettant l'accent sur la continuité et en offrant une gamme variée de mouvements soutenus.

Les exercices se font en aérobie, c'est-à-dire quand l'énergie est produite par réaction oxydée (intervention de l'oxygène). Ce sont des mouvements de résistance. Les mouvements basiques sont footing, les sauts sur place ou le vélo.
Sa durée ne doit pas excéder une vingtaine de minutes en moyenne, sauf si vous prévoyez un entraînement long et rigoureux. Dans ce cas, il faudra prolonger l'échauffement dans toutes les zones du corps.

Exercices généraux

EN SAUTANT

Jambes écartées, bras ouverts maintenant l'équilibre :
– sautez les jambes jointes, puis d'un pied sur l'autre ;
– répétition : 15 à 20 fois, chaque exercice ;
– pour échauffer les muscles supérieurs, utilisez une corde à sauter ou mimez avec les bras.

EN COURANT

Courez sur place en levant bien les genoux et en accentuant les mouvements des bras. Durée : 2 minutes.

ÉCHAUFFEMENT DES DIFFÉRENTES PARTIES DU CORPS

CHEVILLES

Position : debout, jambes écartées, pieds parallèles, genoux légèrement fléchis, les mains sur les hanches. Effectuez des mouvements concentriques avec les chevilles, en gardant toujours un contact avec le sol : bord externe, pointe, bord interne, talon.

Variantes : deux possibilités : en symétrie ou en harmonie.

Respiration : libre.

Répétition : 10 fois.

GENOUX

Position : debout, jambes écartées, les mains sur les genoux, le dos rond.
Effectuez des mouvements de rotation avec les genoux, en les regroupant en même temps vers l'intérieur.

Respiration : expirez quand vos genoux sont vers l'extérieur, inspirez quand ils se regroupent.

Répétition : 10 fois.

HANCHES ET DOS

Position : debout, les jambes écartées, mains situées au niveau des hanches, genoux légèrement fléchis.
Effectuez des mouvements rotatifs avec les hanches, sans bouger ni la tête, ni les pieds.

Respiration : libre.

Répétition : 15 fois.

Variante : même principe de mouvement, en pliant plus les genoux et en faisant travailler le dos.

COU

Position : debout, jambes écartées, genoux légèrement fléchis, les mains basses se tenant dans le dos, les épaules baissées.
Faites pivoter lentement le cou, dans un sens puis dans l'autre.

Respiration : expirez vers l'avant, inspirez le cou tendu en arrière.

Répétition : 5 fois dans un sens, 5 fois dans l'autre.

ÉPAULES ET DORSAUX

Position : debout, genoux légèrement fléchis, coudes pliés tendus vers l'avant, poings serrés situés au niveau des épaules.
Tirez les bras en arrière, les mains ouvertes et tendues, puis revenez à la position initiale.

Respiration : expirez coudes pliés, inspirez bras en arrière.

Répétition : 15 fois.

BRAS

Position : debout, jambes écartées, genoux fléchis, bras le long du corps.
Levez les bras au-dessus de la tête, muscles en extension. Puis laissez retomber les bras en amortissant le mouvement en pliant légèrement encore les genoux.

Respiration : inspiration les bras levés, expiration bras en bas.

Répétition : 20 fois.

ABDOMINAUX, FESSIERS, JAMBES

Tous les exercices ci-après peuvent s'effectuer sans accessoires, mais ils se révéleront plus efficaces, si vous les exécutez avec des haltères, même de petites dimensions.

EXERCICE N° 1

Position : debout, jambes écartées, bras le long du corps, paumes tournées vers l'intérieur.
Avancez une jambe devant l'autre. Faites fléchir simultanément, la jambe avant à l'équerre, pied à plat, jambe arrière genou à terre, talon relevé.
Poursuivez ce mouvement de « marche », en changeant les flexions de jambe et en gardant le buste bien droit pendant tout l'exercice.

Respiration : inspirez durant la flexion, expirez en se relevant.

Répétition : 10 fois chaque jambe.

Variante : reprenez le même mouvement, mais faites attention à ce que la jambe arrière ne descende pas au sol et s'arrête à hauteur de la cheville.

EXERCICE N° 2

Position : debout, jambes écartées, pieds parallèles, talons légèrement relevés, bras tendus en avant à hauteur des épaules, mains fermées, paumes orientées vers le sol.
Pliez les genoux et accroupissez-vous au maximum, puis remontez.

Respiration : inspirez pendant la flexion, expirez en remontant.

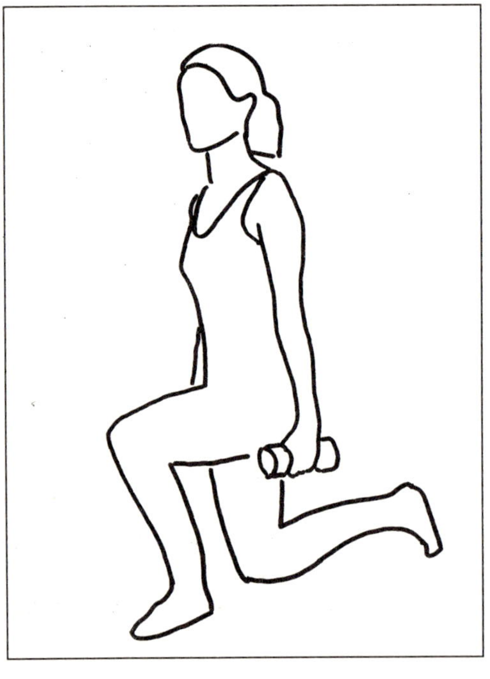

Répétition : 10 fois.

Variante : pour changer, le même exercice peut être effectué pieds ouverts, en laissant les genoux ouverts.

EXERCICE N° 3

Position : debout, jambes écartées, bras le long du corps légèrement décollés, paumes tournées vers le corps. L'exercice sera plus efficace si vous utilisez des haltères.
Fléchissez les genoux, tronc et tête dans le même axe, le buste bien droit. Descendez sur les talons, puis remontez en gardant les bras dans la position initiale, durant tout le temps de l'exercice.

Respiration : inspirez pendant la flexion, expirez en remontant.

Répétition : 10 fois.

Variante : si vous disposez d'une barre, faites le même exercice avec celle-ci posée sur les épaules, derrière la tête.

Conseil : contrôlez la position de votre corps qui ne doit pas s'incliner trop vers l'avant et ainsi éviter les traumatismes lombaires.

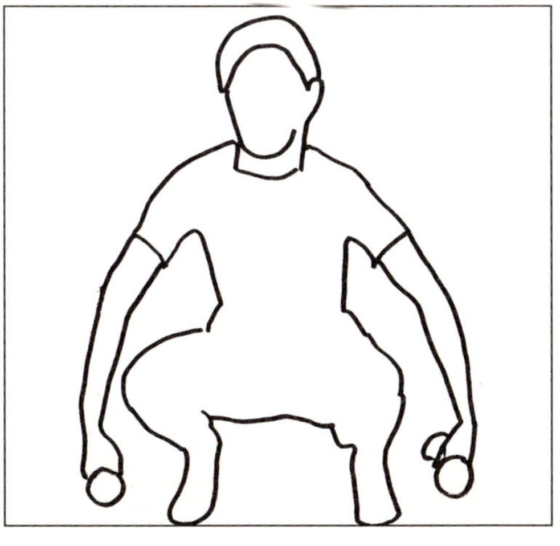

FESSIERS

EXERCICE N° 1

Position : à quatre pattes sur le sol, bras tendus, dos en rectitude.
Remontez un genou vers le thorax, puis étirez la jambe vers l'arrière, jusqu'à ce qu'elle soit dans l'axe du dos. Recommencez le mouvement sans poser le genou à terre.

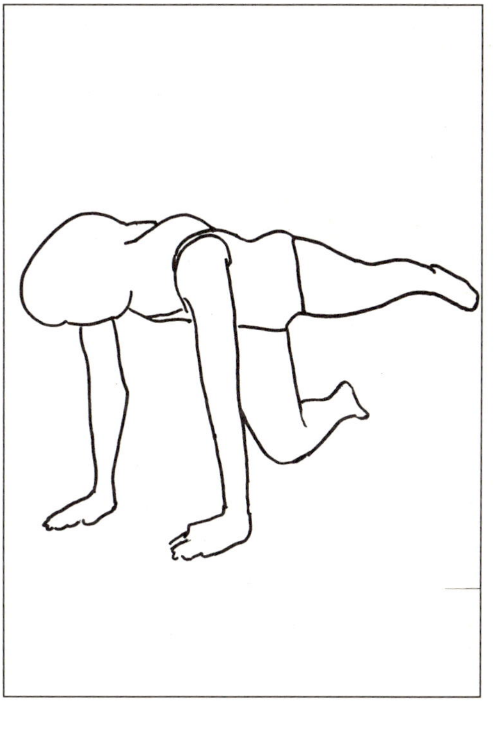

Respiration : libre.

Répétition : 20 fois chaque jambe.

Variante : la jambe reste tendue en arrière, part du sol et remonte jusqu'à l'axe du dos. Ces deux mouvements peuvent s'exécuter coudes pliés.

EXERCICE N° 2

Position : couché sur le côté, le coude plié, la jambe au sol est fléchie, l'autre jambe tendue. Une main est placée sous la tête, l'autre bras le long du corps, coude fléchi, main à plat au sol devant l'abdomen, pour permettre de conserver l'équilibre.
Élevez latéralement en gardant la jambe tendue.

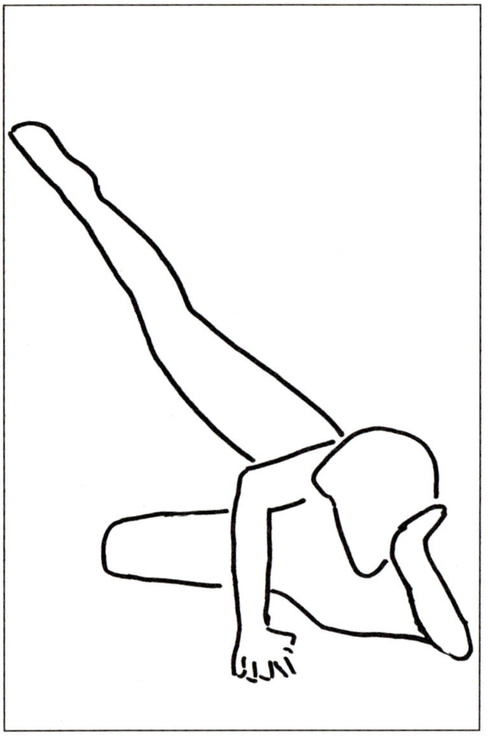

Respiration : libre.

Répétition : 12 fois chaque jambe.

Conseil : évitez de déplacer la jambe vers l'avant lorsqu'elle s'élève.
Pendant l'exercice, faites attention à conserver le corps dans l'axe de la jambe tendue (bien droit).

ABDOMINAUX

EXERCICE N° 1

Position : couché sur le dos, cuisses repliées à environ 45°, les mains posées sur l'abdomen.
Relevez-vous pour arriver en position assise. Redescendez doucement, abdominaux contractés pour arriver à la position initiale.

Respiration : inspirez dos à plat, expirez en montant le buste, inspirez en redescendant.

Répétition : 10 fois.

Conseil : ne donnez pas d'à-coups, restez le dos en rectitude. Essayez de ne pas décoller les pieds du sol. Pour vous aider, bloquez les pieds sous un meuble ou accessoire. Enfin essayez de maintenir pendant l'exercice les jambes et les pieds serrés.

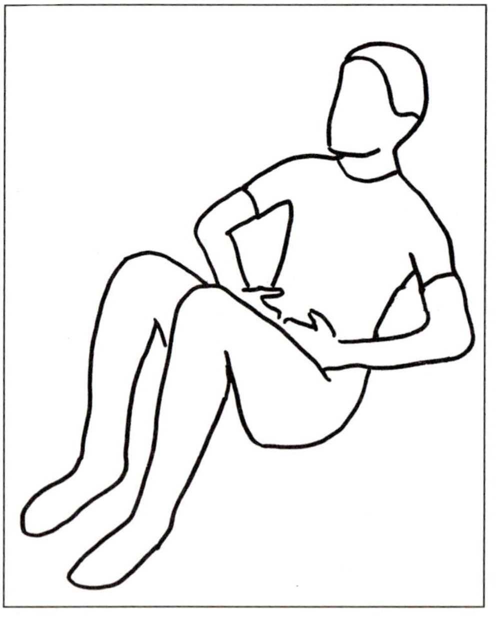

EXERCICE N° 2

Position : allongé, une jambe fléchie, pied à plat, l'autre jambe repliée sur la première, mains derrière la nuque, coudes fermés.
Relevez le buste en maintenant les mains sous la tête. Revenez à la position initiale, sans à-coups. Mêmes conseils que pour l'exercice précédent.

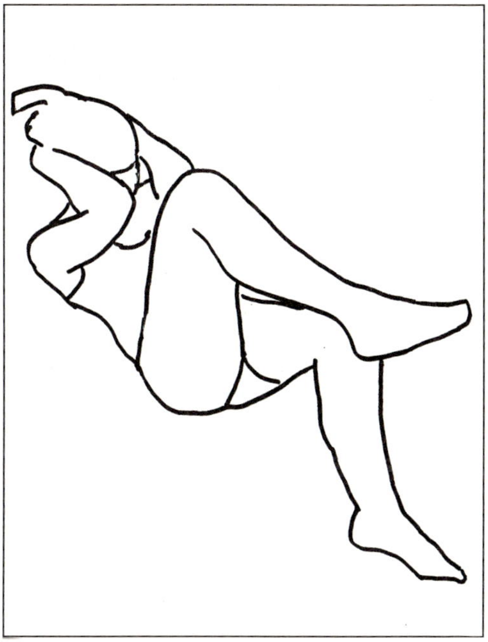

Respiration : inspirez au sol, bloquez la respiration pendant la montée du buste, expirez en redescendant doucement.

Répétition : 20 fois.

Variante : tournez le haut du buste en se relevant vers la droite et vers la gauche en alternance.

EXERCICE N° 3

Position : allongé sur le dos, jambes écartées, décollées de quelques centimètres du sol.
Faites des mouvements de rotation, pieds en extension.

Respiration : libre.

Répétition : 20 fois.

EXERCICE N° 4

Position : allongé sur le dos, les pieds décollés du sol.
Ramenez les genoux alternativement à la poitrine. Puis allongez-les en faisant un mouvement de rétro pédalage.

Respiration : soufflez en ramenant le genou.

Répétition : 20 fois.

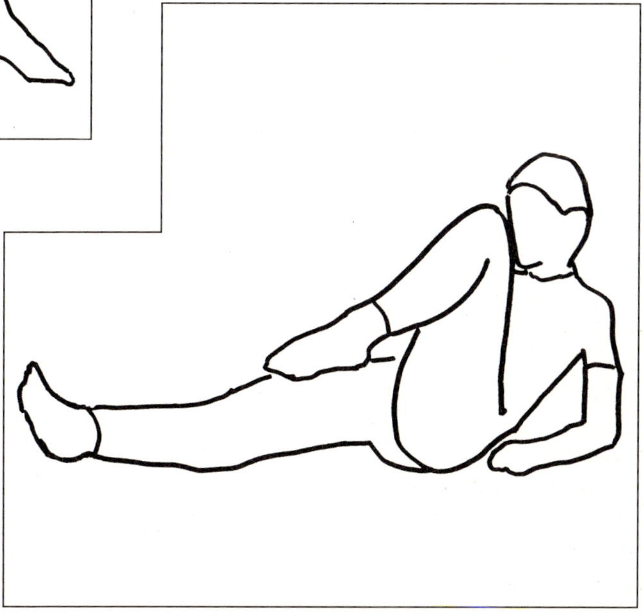

EXERCICE N° 5

Position : jambes allongées, décollées de quelques centimètres du sol.
Élevez alternativement chaque jambe tendue en effectuant des mouvements de ciseaux.

Respiration : soufflez à chaque fois que vous croisez.

Répétition : 20 fois.

Variante : même mouvement de base en croisant les jambes latéralement.

EXERCICE N° 6

Position : jambes tendues, pieds joints, mains derrière la nuque.
Soulevez le buste en tirant sur les bras et revenez à la position initiale, sans à-coups.

Respiration : expirez en tirant sur les bras.

Répétition : 20 fois.

Variante : coudes fermés et coudes ouverts.

EXERCICE N° 7

Position : jambes fléchies, pieds croisés, mains derrière la nuque.
Élevez en même temps vos genoux vers la poitrine. Soulevez le buste en laissant les mains derrière la nuque. Revenez à la position initiale, sans à-coups.

Respiration : expirez en montant les genoux.

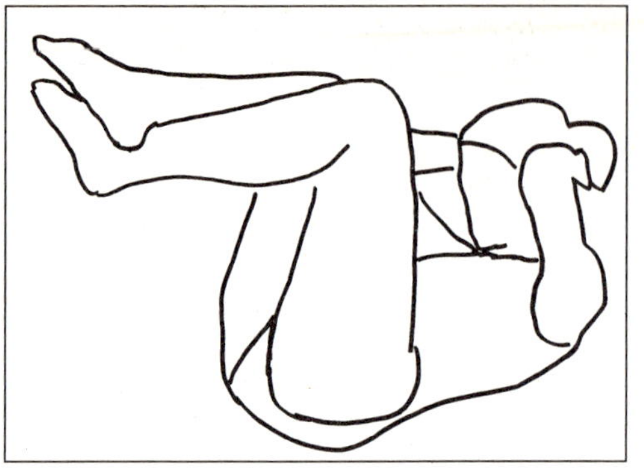

Répétition : 20 fois.

Variante : coudes fermés et coudes ouverts.

EXERCICE N° 8

Position : assis, les jambes tendues.
Déplacez lentement les jambes de droite à gauche, puis revenez dans l'autre sens en serrant bien les abdominaux.

Respiration : expirez à chaque fois que vous poussez les jambes sur le côté.

Répétition : 1 série de 8 mouvements.

Conseil : gardez bien le dos droit.

EXERCICE N° 9

Position : debout, les jambes ouvertes, le bassin rentré, les abdos serrés, les bras tendus devant soi.
Tournez le buste de droite à gauche en isolant bien le bas du corps, et inversement.

Respiration : expirez à chaque torsion.

Répétition : 15 répétitions lentes à droite et à gauche.

Conseil : isolez bien le bassin en travaillant face à vous et en tournant uniquement le buste.

MEMBRES SUPÉRIEURS, PECTORAUX ET DORSAUX

EXERCICE N° 1

Position : jambes écartées, bras tendus dans le prolongement des épaules.
Pliez les coudes et ramenez les mains vers la poitrine, puis écartez de nouveau les bras.

Respiration : soufflez à chaque mouvement.

Répétition : 15 fois.

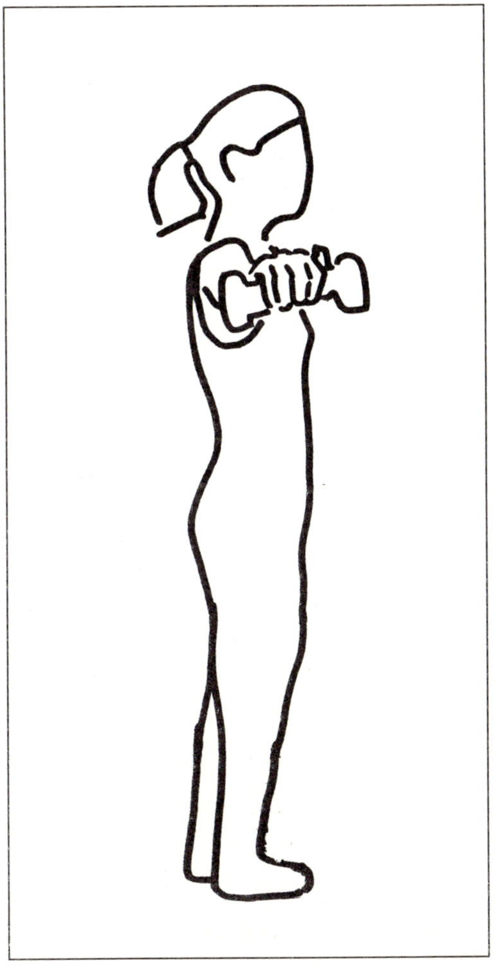

EXERCICE N° 2

Position : jambes écartées, les haltères au niveau des épaules, bras pliés, paumes vers l'avant.
Levez les bras au-dessus de la tête, en tournant les paumes face à face.

Respiration : expirez en montant, inspirez en redescendant.

Répétition : 10 fois.

Variante : alternativement chaque haltère.

EXERCICE N° 3

Position : debout, jambes écartées.
Poussez en alternance les bras en avant et en arrière.

Respiration : soufflez à chaque mouvement.

Répétition : 15 fois.

EXERCICE N° 4

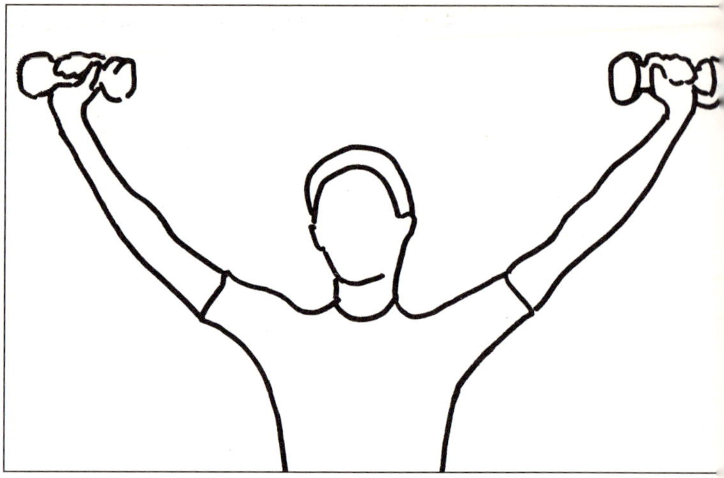

Position : debout, jambes écartées, les haltères au niveau des épaules, bras pliés, paumes vers l'avant. Levez en écartant légèrement les bras, les paumes toujours tournées vers l'avant.

Respiration : expirez en montant, inspirez en redescendant.

Répétition : 10 fois.

EXERCICE N° 5

Position : assis, le buste plié, la tête proche des genoux, les bras retombant derrière les jambes, les paumes face à face. Levez les bras, légèrement fléchis jusqu'à la hauteur des épaules, en maintenant la poitrine au niveau des cuisses. Reprenez la position initiale.

Respiration : inspirez en montant les bras.

Répétition : 10 à 15 fois.

Variante : même position de départ, mais il faut soulever les haltères devant soi.

LES POMPES

Position : allongé à distance du sol, les bras tendus.
Poussez sur les bras pour vous relever, fessiers et abdominaux contractés. Redescendez sans poser le ventre par terre. Recommencez.

Respiration : inspirez en descendant, expirez en poussant.

Répétition : 20 fois minimum.

STRETCHING : LE TRAVAIL D'ÉTIREMENT

ENSEMBLE DU CORPS

Position : à quatre pattes, assis sur les talons, pointe des pieds en arrière, en gardant la tête dans l'axe du dos bien droit.
Faites glisser les mains en avant, bras parallèles, le plus loin possible.

Variante 1 : remontez et abaissez légèrement le bassin, sans trop déplier les genoux.

Variante 2 : pratiquez de la même façon, en essayant de rejoindre les mains l'une contre l'autre, paumes toujours au sol.

CHEVILLES

Position : debout, jambes parallèles tendues.
Montez sur les pointes de pied et redescendez sans à-coups.

Respiration : inspirez en montant, expirez pendant la descente.

Conseil : pour une bonne efficacité, être position ventre rentré, bascule de bassin et le dos en rectitude.

MOLLETS

EXERCICE N° 1

Position : debout, face à une paroi.
Penchez-vous en avant, en appuyant les mains, bras tendus contre la paroi, une jambe fléchie en avant, l'autre tendue en arrière. Fléchissez la jambe avant, jusqu'à sentir le mollet de la jambe tendue s'étirer.
Pour obtenir cette sensation, les pieds doivent rester totalement à plat. Maintenez la position, pendant environ 20 secondes. Changez de jambe.

Répétition : répétez l'exercice plusieurs fois.

EXERCICE N° 2

Position : assis ou allongé, jambes tendues et parallèles, orteils au zénith.
Allongez le pied au maximum, pointe en avant, redressez en poussant sur le talon.

Répétition : 10 fois minimum.

CUISSES

EXERCICE N° 1

Position : debout, parallèlement à un mur. Étendez un bras sur le côté en l'appuyant sur le mur, l'autre bras le long du corps. Croisez les jambes tendues et donnez au corps une inflexion vers le mur. Vous devez sentir les muscles de la cuisse tirer. Restez en position environ 20 secondes. Changez de côté pour changer de jambe.

EXERCICE N° 2

Position : debout, jambes écartées. Fléchissez le buste sur une des jambes, en prenant votre mollet à deux mains, jambes bien tendues. Gardez la position de 10 à 20 secondes. Faites le même mouvement sur l'autre jambe.

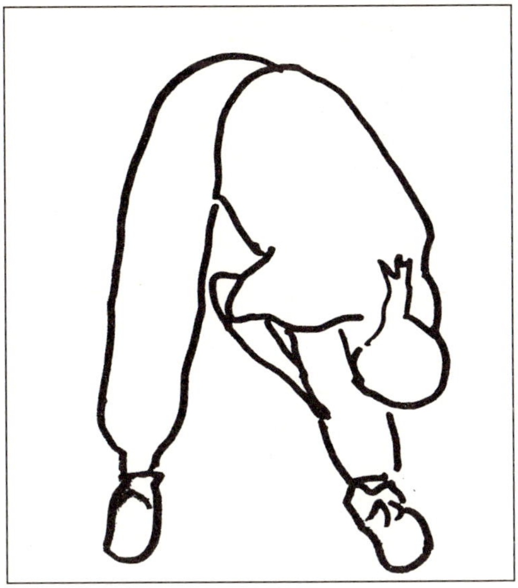

Étirez la jambe arrière le plus possible soit le pied en extension sur la pointe, soit pied vers l'extérieur. S'étirer pendant 15 à 20 secondes et alternez le mouvement.

EXERCICE N° 4

Position : debout, une jambe levée, pied en appui à la hauteur du bassin (tabouret ou banc de travail), buste droit, l'autre jambe tendue en arrière, pied fléchi.
Inclinez le buste sur la cuisse en étirant la jambe arrière au maximum. Redressez et refaites le mouvement plusieurs fois. Inversez le travail des jambes.

EXERCICE N° 3

Position : debout, une jambe devant l'autre.
Fléchissez la jambe avant, en laissant l'autre tendue vers l'arrière. Le buste se penche en avant et touche la cuisse de la jambe fléchie, pendant que les mains touchent le sol, bras tendus.

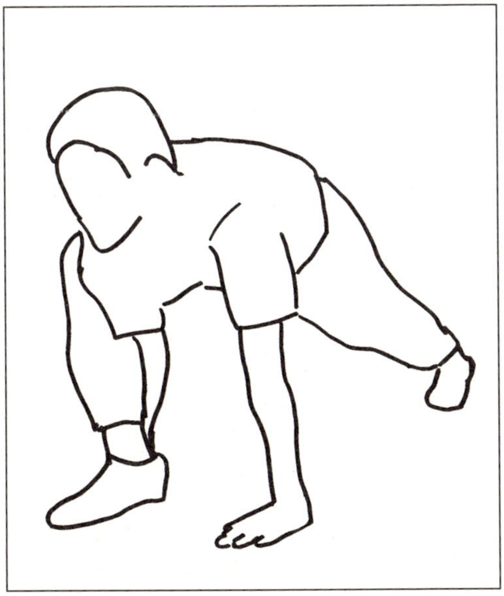

EXERCICE N° 5

Position : debout, pieds à plat, jambes parallèles, genoux tendus.
Penchez-vous en avant en mettant vos mains, paumes à plat, soit parallèles aux pieds, soit perpendiculaires aux pieds. Gardez la position pendant 10 à 15 secondes.

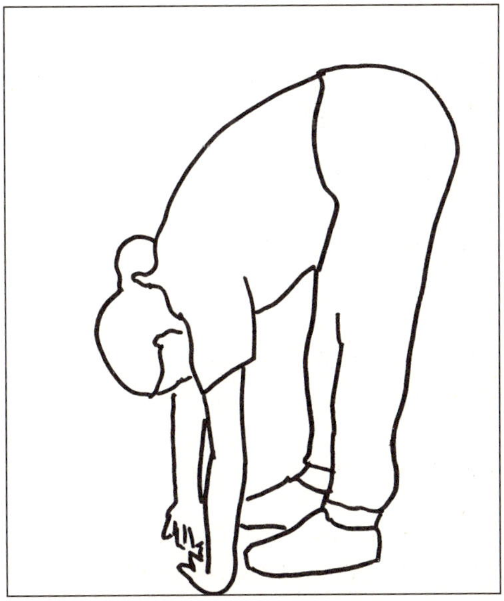

EXERCICE N° 6

Position : debout, bien droit, bras tendus en arrière.
Attrapez un pied en étirant le dos et la cuisse au maximum, en appuyant le talon contre la fesse. Gardez la position quelques secondes. Relâchez et changez de jambe.

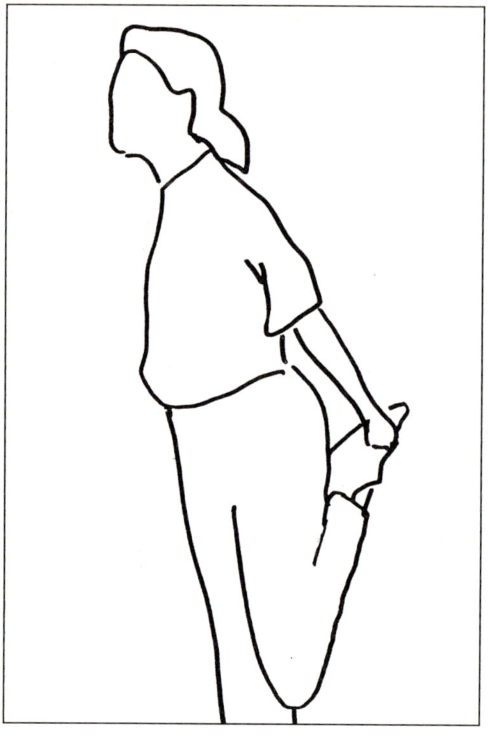

CUISSES ET CHEVILLES

EXERCICE N° 1

Position : allongé sur le côté, la jambe au sol, la pointe du pied étirée, le buste appuyé sur le bras coude correspondant fléchi au sol.
Fléchissez l'autre jambe et saisissez-vous avec l'autre main du pied en extension.
Tirez au maximum, en laissant les deux cuisses parallèles. Gardez la position une bonne vingtaine de secondes. Reprenez l'exercice avec l'autre jambe.

EXERCICE N° 2

Position : assis, plante des pieds face à face, genoux écartés.
Tenez vos pieds avec les mains, dos légèrement incliné.
Redressez le dos en laissant les épaules bien baissées et en abaissant les genoux. Arrêtez le mouvement lorsque vous sentez une tension des cuisses suffisante.

EXERCICE N° 3

Position : assis, le dos droit, une jambe pliée, la cheville reposant au-dessus du genou de l'autre jambe tendue.
Saisissez de la main la pointe du pied et faites pivoter la cheville. L'autre bras peut effectuer une pression vers le bas sur le genou plié. Alternez.

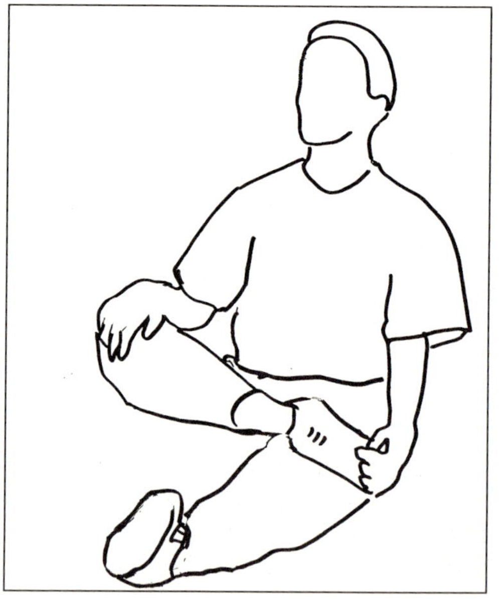

DOS, HANCHES, FESSIERS ET CUISSES

EXERCICE N° 1

Position : assis. Étendez une jambe, le dos bien droit, le pied de la jambe à 90°. Passez l'autre jambe par dessus la première et posez le pied bien à plat. Tournez le buste du côté opposé à la jambe tendue, en gardant le dos bien droit. Insistez sur la rotation du buste. Gardez la position une bonne dizaine de secondes. Recommencez avec l'autre jambe.

EXERCICE N° 2

Position : allongé sur le dos à plat, les bras écartés.
Croisez une jambe sur l'autre, genoux fléchis. Faites pivoter le bassin en essayant de ne pas décoller le dos du sol, jusqu'à la sensation d'étirement important au niveau lombaire. Gardez la position forcée quelques secondes. Inversez le mouvement.

BRAS, DOS, HANCHES

EXERCICE N° 1

Position : debout. Les bras levés, mains jointes, croisées au-dessus de la tête. Inclinez latéralement l'ensemble tête/bras de droite à gauche et inversement.

EXERCICE N° 2

Position : debout ou assis, les bras en avant à la hauteur des épaules. Croisez les doigts, paumes tournées vers l'extérieur. Tirez le plus possible les bras en avant.

EXERCICE N° 3

Position : debout, jambes légèrement écartées.
Levez les bras en l'air, mains croisées, paumes orientées vers le ciel. Inspirez pendant la montée des bras, expirez lentement en étirant les bras le plus possible vers le haut.

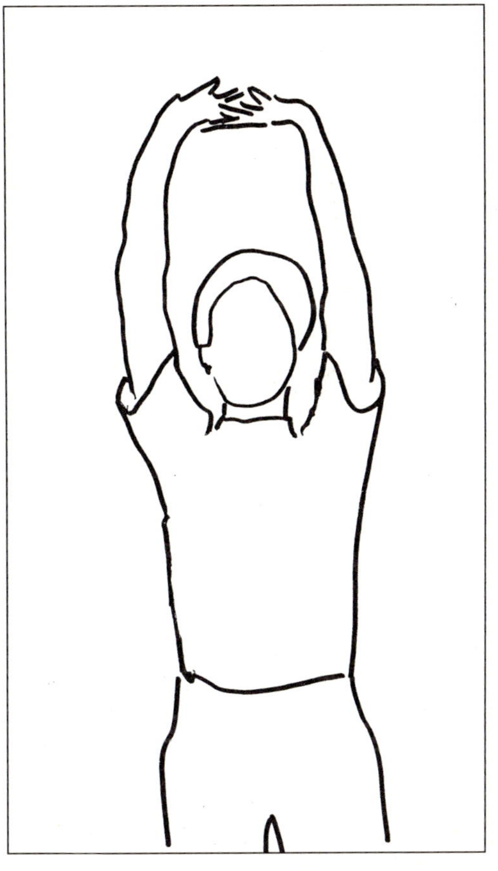

EXERCICE N° 4

Position : assis, jambes en tailleur, dos en rectitude. Pliez les coudes, bras relevés derrière la tête.
Poussez alternativement d'un coude sur l'autre, en gardant la tête bien droite.

Variante 1 : le même exercice peut se pratiquer debout.

Variante 2 : pratiquez le même exercice, mais en inclinant les épaules latéralement d'un côté puis de l'autre.

Respiration : libre. Respirez doucement en rentrant le ventre et gardez le dos en rectitude.

EXERCICE N° 5

Position : à quatre pattes. Étendez un bras sur le côté, de l'épaule à la paume, à plat sur le sol, en abaissant le buste en avant. L'autre bras est replié et sert d'appui.
Étendez le bras d'appui le plus possible en conservant l'épaule opposée au contact du sol. Conservez la position autant que possible. Faites de même pour l'autre côté.

EXERCICE N° 6

Position : assis en tailleur, mains derrière la tête.
Inspirez, coudes écartés. Soufflez, en ramenant les coudes et en penchant la tête en avant.

Conseil : conservez bien le dos droit pendant tout l'exercice, seul le cou fléchit.

EXERCICE N° 7

Position : assis, une jambe en avant, l'autre écartée sur le côté, les bras au-dessus de la tête.
Penchez tout le corps sur la jambe avant, en fléchissant la nuque, jusqu'à atteindre le genou avec le front.

La préparation psychologique

La préparation psychologique est l'un des éléments essentiels pour améliorer son entraînement et réussir des performances. Ce travail est indispensable si l'on veut tant soit peu faire de la compétition. Il sera tout aussi utile dans la vie pour vaincre des périodes difficiles : déprime, stress, etc.
La tension psychologique est en effet un phénomène aussi éprouvant pour les athlètes que la fatigue physique. Mais si l'entraînement permet d'améliorer son corps, le sportif apprend à dominer ses refus physiques grâce à la puissance de son mental. C'est le cerveau qui commande la machine et la pousse encore et encore pour aller au maximum de ses capacités.
On le voit, le « travail intérieur » est aussi important pour l'athlète que le « travail externe ». C'est pourquoi il est bon pour les sportifs qui débutent de s'astreindre à une certaine forme de discipline, et ce, de façon méthodique.
Les principales méthodes employées par les athlètes sont de plusieurs ordres : la relaxation, la sophrologie, l'hypnose, la suggestion ou encore les techniques de groupes.

La motivation

Se fixer des objectifs est l'un des moyens de forcer le mental à aller plus loin. « Ainsi, explique Rémi Gueorgiou de l'Équipe de France Espoirs[1], en optant pour quelques courses " à ne pas rater ", on arrive davantage à fixer son attention

1. Entretien paru dans *Orientation Magazine* n° 22, novembre 1995.

Se motiver est essentiel pour faire toujours mieux (Ph. B. Grelon)

sur ces événements. Quand les objectifs sont ajustés, l'entraînement doit permettre de passer par certains caps (à la fois technique et physique), déterminés à l'aide de l'analyse de ses propres courses et grâce à l'entraîneur qui apporte son expérience, afin de connaître les points à travailler, voire retravailler. » Et d'ajouter : « Pour réaliser mon objectif cette année, les maîtres mots de ma préparation ont été régularité, qualité et durée. »
Même motivation au moment des compétitions, identique au principe de l'autosuggestion. On peut s'y préparer plusieurs jours, semaines ou mois à l'avance en travaillant son mental. « Je pense tous les jours à cette course, poursuit Rémi Gueorgiou, en imaginant comment aborder le départ et les postes en forêt. Ça me permet, en course, de savoir gérer toutes les situations. Plus réellement, à chaque entraînement et pour les courses sans enjeu, je me place dans les mêmes conditions que pour les grands événements en me mettant excessivement la pression et en courant avec la même motivation. » Partir pour faire une bonne course et se concentrer sur ce point, avant et pendant, il n'y a rien de plus positif.

La maîtrise de ses capacités

Le succès du sportif dans les épreuves sportives est intimement lié au couple entraînement/psychologie. L'émulation de l'athlète passe par la maîtrise de ses capacités émotionnelles avant, pendant et après une compétition ou un entraînement.
« Il faut d'abord avoir confiance en soi, raconte l'orienteuse et athlète de

Il faut d'abord avoir confiance en soi (Ph. B. Grelon)

haut niveau Marie-Violaine Palcau[2], en se disant qu'on est aussi capable que les autres. Cette confiance émane de toute la préparation de l'année. Ensuite il faut gérer le stress ou la motivation... J'ai ressenti, au départ des qualifications pour la courte distance des Championnats du monde 91, une sérénité nouvelle. J'avais envie, m'étant préparée depuis plusieurs mois uniquement pour ce moment, de faire une bonne course, sans trop de fautes, sans excitation. Très calme, j'ai repensé à tout ce que je devais faire quand je prendrais ma carte... Maintenant, à chaque course où il peut y avoir une certaine pression ou tension, j'essaie de retrouver cette sérénité et me repasse " le film " d'un départ de course de CO. »

On parle de « la solitude du coureur de fond », il en est de même pour tous les sports. Le mental a un rôle primordial dans le succès de l'athlète ayant eu un entraînement physique optimal.

Il lui faut trouver la meilleure concentration pour arriver à réussir de façon automatique les mouvements techniques les plus pointus. L'orienteur sera aidé par son entraîneur qui a pour rôle de l'amener à se surpasser en lui faisant pratiquer la relaxation qui a pour but de le conduire à une parfaite connaissance de ses tensions, de ses doutes et de ses limites.

Une émulation

Pour réussir, un orienteur doit être motivé, ne pas se laisser envahir par un sentiment d'échec et avoir une volonté agressive et persistante.

Il sera aidé par les encouragements et les conseils de son coach, qui à tout moment, du geste ou de la voix, le stimulera et sera capable d'apprécier l'état d'esprit de son « poulain », autant que son bon état physique.

Dans la course d'orientation, le travail de groupe a une grande importance, car il apporte une émulation maximum au sportif qui cherche à dépasser ses limites face à la rivalité.

Le dépassement de soi-même ne peut être vécu sans risque qu'à condition d'un excellent entraînement psychologique, où les phases de repos et de récupération ont une importance capitale (la relaxation, le yoga, l'hypnose).

Lorsqu'un athlète souffre d'insomnie, de réveils fréquents, d'une mauvaise récupération après l'entraînement, d'une lassitude, d'une baisse de poids par rapport à son poids de forme, d'une perte d'appétit, de palpitations, de céphalées, de troubles du rythme cardio-vasculaire, etc., il y a lieu de penser qu'il s'agit d'un état de surentraînement, et il faut rapidement faire le nécessaire sur le plan du repos tant physique que psychique.

Le stress

Le principal trouble psychique du coureur d'orientation est le stress. Face à une situation inattendue, le coureur est confronté à des réactions tant mentales que physiques. Sur le plan mental ou psychologique, le stress se traduit par un blocage du raisonnement qui entraîne une démarche manquant de concision avec des changements brusques de direction, des arrêts répétés, des automatismes mal jaugés, voire l'impossibilité d'anticiper l'étape suivante de son parcours.

2. *Orientation Magazine* n° 6, février 1993.

Sur le plan physique, il se traduit par une montée d'adrénaline ou de noradrénaline, entraînant une augmentation du rythme cardiaque, une hausse de la glycémie, une hyperacidité gastrique et une baisse du tonus musculaire et de la température du corps pouvant le conduire dans les cas extrêmes à l'épuisement ou à l'état de choc.
Le meilleur moyen d'éviter au coureur ces aléas est de lui faire prendre conscience, lors des entraînements, des réactions physiologiques dues au stress. « Il faut éviter ou réduire au maximum la surprise du coureur face à une situation inattendue, analyse Georges Deli[3], c'est pour cela que la finalité de l'entraînement est de lui donner des modèles d'anticipation, mais aussi la certitude qu'ils fonctionneront ! »
Plus le mental du sportif est bon, plus ses chances de gagner avec un bon entraînement physique sont grandes. Le stress ressenti lors de la course d'orientation est le plus souvent dû à une progression erronée sur le terrain (quel est l'orienteur qui ne s'est pas trompé de chemin ?), à un obstacle non prévu, à la « rencontre » avec un animal ou un insecte (taon, guêpe, frelon, serpent...).
L'entraîneur encourage l'orienteur à se trouver dans ce genre de situation afin de l'aider à maîtriser les événements et de lui montrer le rôle important d'une bonne lecture de la carte et d'un bon repérage avec sa boussole. « Par ailleurs, poursuit Georges Deli, les enseignements que l'homme tire d'une situation de stress sont particulièrement bénéfiques pour l'acquisition de l'expérience. Sous l'effet du stress, les conduites apprises persistent en mémoire bien plus longtemps que les conduites apprises en situation standard. »

3. « Le stress, ami ou ennemi ? » par Georges Deli, *Orientation Magazine* n° 23, janvier 1996.

Attention, toutefois, aux automatismes mal acquis et aux réactions négatives.
D'où l'intérêt d'un *debriefing* en fin de course avec l'entraîneur, qui peut prendre parfois l'allure d'une « psychanalyse »...

Mieux se connaître

Le conditionnement psychologique et le conditionnement physique sont étroitement liés et interdépendants.
L'athlète doit apprendre à connaître ses limites : à respirer, à faire le vide, à se détendre par le yoga, la relaxation, et à développer ses qualités physico-psychiques.
Par la relaxation, le sportif pourra canaliser ses pulsions, par une technique simple qui consiste à pouvoir à tout moment gérer ses muscles et son mental face à l'effort et à la douleur.
Cette pratique se fait soit seul, soit en groupe, avec un professionnel (entraîneur, kinésithérapeute ou médecin spécialisé).
Méthode pour se connaître et s'autorelaxer, la sophrologie permet d'arriver à un certain bien-être physique et psychologique. Elle s'applique par rapport à la douleur, au stress, au dépassement de soi-même, à la possibilité de relaxation musculaire et à la possibilité de se surpasser pour arriver à aller au-delà de ses capacités initiales.
Elle offre le moyen de se maîtriser physiquement et psychologiquement en ayant la connaissance la plus complète de ses réactions musculaires, respiratoires et de son rythme cardiovasculaire pour arriver à conditionner ses énergies. Elle se pratique avec un « professeur » qui stimule verbalement le sportif.

Quelques exercices

Debout

Exercice n° 1

Debout, jambes légèrement écartées, les yeux fermés, les bras détendus le long du corps.
Relâchez les muscles du corps. Inspirez par la bouche, en levant les bras au-dessus de la tête.
Descendez les mains jointes à la hauteur du visage.
À la hauteur des épaules, expirez puissamment en baissant les bras le plus bas possible, comme s'ils avaient un poids.
Recommencez le mouvement une dizaine de fois.
Terminez en bâillant et en ouvrant les yeux.

Exercice n° 2

Debout, les jambes très légèrement écartées.
Inspirez en sautillant sur place, le corps relâché, comme un pantin.
Arrêtez le mouvement en expirant.
Recommencez le mouvement pendant 8 à 10 minutes.
Fin de l'exercice : allongez-vous sur le sol et relâchez l'attention musculaire des jambes, ce qui fait ralentir la circulation sanguine.
Respirez 2 à 3 fois profondément. Bougez les mains et les pieds. En prenant votre temps, relevez-vous.

Allongé

À température ambiante agréable.
Positionnez-vous au sol de façon confortable, les yeux fermés, les mains sur le thorax, sous la poitrine.
Inspirez en gonflant le ventre, sans cambrer le dos. Expirez en rentrant le ventre.
À faire de façon lente et approfondie, pour éviter les sensations d'étourdissement.
Répétez 10 à 15 fois.
Reprenez une respiration normale. Étirez-vous. Et relevez-vous très lentement.

Sensation de gravitation terrestre ou d'enracinement dans le sol

Debout, jambes légèrement écartées, dans le prolongement des épaules, les bras le long du corps.
Cherchez à ressentir l'attirance vers le sol, les jambes qui s'enfoncent dans le sol.
Concentration et respiration tranquille.

Sensation de pesanteur

Allongé sur le sol, yeux fermés, fixez votre attention sur une partie du corps, comme un orteil. Ressentez-le. Découvrez une sensation de chaleur qui s'accentue.
Passez au pied complet, la cheville, la jambe et ainsi de suite jusqu'aux membres supérieurs et à l'ensemble du corps.
Jusqu'à sensation de chaleur répartie partout.
Ouvrez les yeux. Respirez à fond et relevez-vous très lentement.

Relaxation du cou et la tête

Assis devant une table. Respirez lentement. Les avant-bras à plat sur la table, les mains repliées, posez le front sur le dos des mains et faites rouler le front d'une main à l'autre en fermant les yeux.

Répétez l'exercice, jusqu'à arriver au bord du sommeil.
Cet exercice apporte une relaxation musculaire du rachis cervical et fait disparaître les maux de tête.
Redressez-vous très lentement.
Il est conseillé de s'allonger un moment sur le dos, avant de reprendre une activité normale.

Faire le vide

Dans une pièce sans lumière, enveloppé dans des couvertures chaudes (chauffées), allongé, fermez les yeux et cherchez à faire le vide. Durée : 15 minutes.

En conclusion

Ces pratiques permettent d'augmenter les potentialités psychiques et physiques des sportifs, leur donnent la possibilité d'arriver à des efforts plus soutenus avec une moindre fatigue. Elles apportent une plus grande précision dans les gestes, par un contrôle mieux conditionné émanant de la connaissance plus « pointue » de chaque partie du corps, ce qui peut amener les sportifs à des possibilités de contraction et décontraction musculaires plus efficaces, d'où une amélioration des échanges sanguins, une meilleure récupération, une économie de leur énergie et une meilleure résistance à l'effort.

La diététique du coureur

Une bonne alimentation est le reflet d'un bon équilibre. Tout athlète se doit d'apprendre à se nourrir en fonction de l'intensité des efforts à fournir, de leur durée et évidemment en tenant compte de son poids. Il est très important pour l'orienteur de ne pas négliger son alimentation au cours de l'entraînement, avant, pendant et après une course. Le sportif doit adapter son alimentation pour se constituer des réserves énergétiques qui lui permettront d'être plus performant au cours de son effort.
Certaines erreurs alimentaires peuvent conduire à des contre-performances.
L'alimentation permet de faire face aux besoins énergétiques et plastiques de l'activité physique et des pratiques sportives.
Les aliments ne seront pas les mêmes s'il s'agit d'une course « brève » (quelques heures) ou d'un raid pouvant durer plusieurs jours et où le poids du paquetage a une grande importance. Mais pour tout effort, une bonne hydratation est indispensable. Le sportif doit apprendre à boire de façon régulière sans attendre la sensation de soif.

Les besoins nutritionnels du sportif

L'énergie

Les dépenses énergétiques totales comprennent une partie non compressible. Les besoins sont :

– le besoin de base : 1 500 kcal ;
– le besoin de thermorégulation : 150 à 200 kcal ;
– l'action dynamique spécifique, qui est l'ensemble des dépenses liées à la digestion : 100 kcal ;
– le travail musculaire, dont les besoins sont très variables. Les besoins d'un sportif de haut niveau à l'entraînement ou d'un étudiant en éducation physique peuvent atteindre 3 500 kcal. Les femmes ont des exigences caloriques inférieures d'environ 20 % à celles des hommes.

La ration alimentaire du sportif doit être permanente et équilibrée :
– 55 % de glucides dont 10 % de sucres à absorption rapide ;
– 30 % de lipides (la tendance actuelle est de tolérer 32 à 33 %) ;
– 15 % de protéines.

Les protéines

Les protéines ont un rôle de structure plus qu'un rôle énergétique. Elles sont à la base de la structure des hormones, des enzymes et du muscle. Elles sont donc essentielles chez le sportif pour une bonne dégradation des nutriments énergétiques et pour l'augmentation de la masse musculaire.
On différencie deux types de protéines : animales et végétales. Les protéines sont constituées d'acides aminés. Certains d'entre eux sont dits indispensables car l'organisme ne peut pas les synthétiser. Les protéines animales sont

plus riches en acides aminés indispensables, c'est pourquoi elles sont dites de meilleure qualité.
L'association des deux types de protéines permet de couvrir les besoins de l'organisme.
Les aliments qui contiennent des protéines d'origine animale sont les viandes, les poissons, les œufs et les produits laitiers. Les aliments qui contiennent des protéines d'origine végétale sont les céréales et les légumes secs.

Les glucides

Les glucides ont surtout un rôle énergétique. Ils sont mis en réserve au niveau des muscles sous forme de glycogène. Cette énergie est la première utilisée lors de l'effort musculaire. L'ensemble des glucides apportés au cours de la journée doit représenter 55 % de la ration énergétique totale.
Les glucides se trouvent sous deux formes dans l'alimentation :
– les glucides dits complexes que l'on trouve dans les féculents : pommes de terre, pâtes, riz, légumes secs, pain, farine ;
– les glucides dits simples : les produits sucrés, sucre, confiture, chocolat, sodas, bonbon... Ils ne doivent pas représenter plus de 10 % de la ration énergétique totale de la journée.
Les fruits et les légumes sont composés de sucres simples mais sont également riches en minéraux, vitamines et fibres. C'est pourquoi on ne les assimile pas aux produits dits sucrés qui ne contiennent que des sucres simples.
Il faut privilégier les aliments dits complets, riches en fibres. Ils augmentent le temps de satiété et améliorent le transit intestinal.

Les lipides

Le tissu musculaire peut utiliser directement les acides gras à des fins énergétiques.
Les différents types d'acides gras sont :
– les acides gras essentiels ;
– les acides gras saturés.
Les lipides ont un rôle énergétique dans les efforts de longue durée, mais l'excès d'apport risque d'entraîner une surcharge pondérale, préjudiciable à la performance et à la santé, voire d'accroître les risques cardio-vasculaires.

Les vitamines

Notre organisme ne peut fabriquer les vitamines. Les besoins vitaminiques sont augmentés chez le sportif, essentiellement la vitamine C dont les besoins passent de 75-100 mg à 100-200 mg par jour.
Les vitamines jouent un rôle important chez le sportif. Au cours de l'effort physique, il a un besoin plus important d'énergie. Celle-ci est produite par des réactions chimiques transformant les nutriments en énergie et nécessitant la présence de vitamines qui activent, stimulent et accélèrent les réactions. Les vitamines jouent également un rôle sur les réactions de construction et de réparation des tissus, en particulier le muscle et l'os. Elles renforcent la résistance de l'organisme contre le stress auquel il est soumis.
Lors d'une activité physique intense et prolongée, il se produit une augmentation des besoins en vitamine B_2, vitamine C et vitamine E. Ces résultats sont à considérer avec précaution du fait de la possible adaptation de l'organisme à la réduction de l'apport vitaminique, soit en augmentant les capacités d'absorption intestinale, soit en freinant le catabolisme des vitamines. Enfin,

l'activité physique pourrait modifier le métabolisme des vitamines.

L'effet protecteur de la vitamine E vis-à-vis de la lipopéroxydation a été démontré chez l'homme lors d'un exercice physique épuisant. Compte tenu de la valeur calorique de la ration des sportifs et de l'ensemble des contraintes inhérentes au stress d'effort, différents auteurs s'accordent pour proposer un coefficient multiplicateur de 2 à 3 par rapport aux apports vitaminiques conseillés pour la population en général.

Une consommation insuffisante de vitamine B_1 diminue la capacité à effectuer une performance physique. L'endurance musculaire diminue et le temps de réaction augmente.

Globalement, une déficience dans le complexe vitaminique B diminue la capacité à effectuer une performance physique optimale.

APPORTS QUOTIDIENS RECOMMANDÉS EN VITAMINES

A	*1 500*	*mcg*
D	*10*	*mcg*
E	*30 à 50*	*mg*
K	*90*	*mcg*
C	*100 à 200*	*mg*
B_1	*5 à 10*	*mg*
B_2	*10 à 15*	*mg*
PP	*30 à 50*	*mg*
B_5	*20*	*mg*
B_6	*15 à 30*	*mg*
B_9	*300 à 500*	*mcg*
B_{12}	*10 à 20*	*mcg*
H	*200 à 400*	*mcg*

Chez les sujets présentant une déficience biochimique en vitamine C, une supplémentation s'accompagne d'une amélioration de la puissance aérobie maximale.

À l'heure actuelle, la réglementation permet d'enrichir les produits de l'effort d'apport glucidique en certaines vitamines à des taux variant de 7 à 30 % des ANC[1] pour 100 kcal de produit.

Les minéraux

Les minéraux représentent 4 % de la masse corporelle. Leur importance physiologique est considérable chez le sportif.

Le *potassium* est chargé de contrôler la fuite d'eau hors de la cellule. Lors des grandes sudations, ces pertes sont importantes, surtout chez le sujet entraîné. Son déficit peut entraîner des troubles de contractilité, des crampes et des malaises. Les besoins de 0,5 à 1 gramme par jour peuvent être augmentés chez le sportif. Il suffit parfois de compenser par des aliments riches en potassium ou par un complément médicamenteux. Cette supplémentation ne peut être envisagée que chez le sujet entraîné.

Le *sodium* et le *chlore* sont les électrolytes les plus représentés dans la sueur. Les apports sodés des sportifs, en dehors des compétitions, doivent être identiques à ceux de la population. Pendant un effort prolongé, il paraît raisonnable d'assurer un apport sodé pour être compétitif.

Un sujet entraîné qui transpire perd plus d'eau que de sels minéraux ; il faut compenser pendant l'exercice par des boissons plus riches en eau et moins riches en sels minéraux que le sang. Un gramme de sel peut être ajouté à l'eau de boisson.

1. ANC : apports nutritionnels conseillés.

Ce supplément facilite le passage de l'eau, de l'estomac vers l'intestin.
Le *sélénium* est un oligo-élément qui commence à être utilisé par le sportif.
Le *magnésium* intervient dans l'utilisation du glycogène, la transmission de l'influx nerveux, la relaxation musculaire, la régulation du rythme cardiaque. Il faut veiller à assurer une alimentation riche en magnésium.
Le *calcium* ne pose pas de problème si la ration comporte suffisamment de produits laitiers. Restez vigilant lors des efforts qui négativent le bilan calcique.

L'eau

L'eau est indispensable au transport des nutriments, à l'élimination des déchets et de l'excès de chaleur. Lors d'un effort physique, le sportif subit des pertes en eau importantes par la respiration et la transpiration. La déshydratation entraîne la réduction de sa capacité à accomplir un effort, des crampes musculaires, des accidents musculo-tendineux ou une augmentation de la fréquence cardiaque.
La sueur est une élimination liquide produite par les glandes sudoripares. Une de ses fonctions est d'assurer un refroidissement externe de l'organisme placé à une température élevée, le froid étant provoqué par son évaporation. Le sang refroidit à la surface. Ce moyen de lutte contre la chaleur constitue la thermolyse.

LE JOUR DE L'ÉPREUVE

Avant l'épreuve : assurez une réserve d'eau entre la 120e et la 30e minute avant le départ, en quantités fractionnées.
Pendant l'épreuve : buvez environ tous les quarts d'heure de 100 à 200 ml de boisson fraîche mais non glacée (10-12 °C), faiblement sucrée et faiblement minéralisée en sodium et potassium, assurant ainsi une osmolarité pour une bonne vidange gastrique.
Après l'effort : afin de corriger la déshydratation et de neutraliser les déchets acides, buvez 300 ml d'eau alcaline complétée par 250 ml de lait écrémé, puis des eaux faiblement minéralisées.
Une perte de 2 % du poids du corps entraîne une diminution de 20 % de la capacité de travail.

Les facteurs du rendement musculaire

Les principaux facteurs qui influencent le rendement musculaire sont les suivants :
– l'insuffisance d'apport énergétique ;
– les variations qualitatives dans la ration alimentaire ;
– l'influence de la suralimentation ;
– l'influence du nombre de repas ;
– l'équilibre quantitatif entre les repas et

LES RÈGLES D'UNE BONNE HYDRATATION DU SPORTIF : APPRENDRE À BIEN CONNAÎTRE SES BESOINS EN EAU

Pesez-vous avant et après un effort physique important, dans la même tenue et sur la même balance. Vous pourrez ainsi évaluer vos pertes en eau et les compenser par l'eau de boisson. Lorsque la balance annonce une perte de 1 à 2 kilos, ce n'est pas une perte de graisses mais d'eau.
N'attendez pas la fin de l'effort pour boire. Il faut devancer la soif en buvant de petites quantités tout au long de l'effort.

l'intérêt de la composition du petit déjeuner ;
– le tabac qui décompose la vitamine C, entraînant une augmentation de la fatigabilité musculaire et favorisant l'apparition de phénomènes hypoglycémiques à jeun ; enfin, il augmente la résistance au passage de l'air dans les poumons ;
– l'alcool, dont l'impression de « coup de fouet » sur le moment est suivie ultérieurement d'une phase de lassitude et d'une baisse de rendement musculaire.

Les différents types de ration

Lors de l'entraînement

L'alimentation doit rester équilibrée tout au long de l'année, afin de permettre au sportif de bien maîtriser son poids de forme et d'être en bonne condition physique le jour de la compétition. L'apport énergétique quotidien doit être adapté au volume d'entraînement et équilibrer les dépenses énergétiques.
Il peut varier de 2 500 à 5 000 kcal et plus par jour, réparties en quatre à cinq repas comportant :
– 55 % de glucides ;
– 12 à 15 % de protides ;
– 25 à 30 % de lipides.
Il faut s'habituer à boire régulièrement dans la journée, même les jours où aucun entraînement n'est programmé.
Les compléments diététiques du sportif ne peuvent venir, comme leur nom l'indique, qu'en complément d'une alimentation équilibrée.
Le sportif, amateur ou de haut niveau, doit à la fois manger et boire pour faire face à des besoins accrus, être au mieux de sa forme et mener à bien son épreuve sportive avec plaisir et sans fatigue.
Il ne faut pas démarrer à jeun, et cela aussi bien le matin qu'en fin de journée... L'organisme a besoin de carburants, notamment de sucres, pour fonctionner. Ces erreurs entraînent des coups de fatigue, voire des malaises, et transforment une activité bénéfique en épreuve pénible.

Lors de la compétition

La ration de compétition dépend de l'activité sportive exercée et des circonstances d'environnement. La ration glucidique du coureur d'orientation pour les longues épreuves doit être augmentée de 65 % dans les trois jours qui précèdent l'épreuve, apport glucidique le soir surtout, afin d'augmenter les réserves musculaires en glycogène. Respectez la règle des trois heures. Le repas doit être pris dans les trois heures qui précèdent la compétition, être digeste, normocalorique, normoprotidique, hyperglucidique et hypolipidique.
Pendant l'épreuve, pensez à vous hydrater régulièrement : 100 à 250 ml toutes les 20 minutes. Ceci est particulièrement important lorsque la compétition se déroule dans un pays chaud et humide et que la sudation est importante.
Il faut également assurer un apport énergétique dès que la durée de l'épreuve dépasse 1 heure, de préférence sous forme de boisson glucosée.

Lors de la récupération

Il faut se réhydrater, reconstituer les réserves en glucides et éliminer les déchets. Dès la fin de l'épreuve, buvez des boissons alcalines et glucidiques, pour réhydrater et reconstituer le stock de glycogène dès que possible. Au dîner, prenez une ration normoprotidique, normoglucidique.

Lors des raids

AVANT LA COURSE

Les jours précédant un raid, l'orienteur sportif devra préparer son organisme en mangeant :
– des aliments riches en glucides complexes, tels les céréales (pâte, semoule, pain complet...), les légumes secs (flageolets, haricots rouges, lentilles) et les bananes ;
– des légumes cuits, qui sont à cuisiner non frits. Il est recommandé de leur ajouter des matières grasses crues (beurre, huiles, margarine) et des fruits ;
– des aliments riches en protéines tels les viandes et les poissons ;
– les fromages et les laitages, riches en calcium, seront privilégiés au petit déjeuner ;
– les boissons seront essentiellement l'eau et les jus de fruits.

LORS DE LA COURSE

Bien démarrer
Le premier jour de la course, le petit déjeuner sera très complet : une boisson chaude (thé, café ou lait), sucre, pain, céréales, beurre, confiture, yaourt ou fromage blanc, fruit ou jus de fruit, viande froide blanche. Il sera pris environ trois heures avant le départ de la course et fonction du climat et de la difficulté du raid.

Boire régulièrement
Entre le petit déjeuner et le départ, le sportif boira toutes les demi-heures un mélange d'eau et de miel ou de fructose d'environ 100 ml.
Pendant la course, il est nécessaire de boire régulièrement 100 ml toutes les 20 minutes, quelle que soit la température, afin d'éviter les hypoglycémies d'effort et la déshydratation. La boisson prévue est un mélange d'eau sucrée citronnée ou d'eau additionnée de poudre vitaminée.

Absorber des glucides
En fonction de l'effort fourni, la quantité moyenne de glucides à absorber est de 30 à 60 grammes par heure. Ceux-ci peuvent être pris sous forme de crème de marron, de lait concentré sucré, de mélange de fruits secs, de barres de céréales, de chocolat, de sucre...

Privilégier la variété
Le choix des produits est important, car on se lasse vite de ces aliments sucrés et il se crée une forme d'inappétence qui ne fait qu'augmenter la fatigue et le stress. Il y a lieu de prévoir aussi des pastilles glucosées. L'orienteur prendra soin d'en sucer une toutes les demi-heures.

Faire des poses
Si le temps imparti à son alimentation ne peut être que limité, le coureur ne négligera pas cependant de faire des poses suffisamment longues au moment du repas de midi, afin d'éviter les malaises dus à la fatigue ou à une ingestion trop rapide de nourriture.

Les pathologies de la course d'orientation

Dans la course d'orientation, comme dans tous les sports, les risques de traumatismes divers existent, surtout quand la pratique devient intensive. Une mauvaise préparation, une condition physique défectueuse, un entraînement inadapté, un équipement non conforme, la fatigue sont autant de risques traumatiques. Dans le cas du raid, on y ajoutera les problèmes de poids du sac et ceux alimentaires, dus à la durée. Nous verrons quels sont les traumatismes les plus fréquents consécutifs à ces manquements.

Les accidents médicaux

Les accidents sont plus fréquents qu'on ne le croit. Liés à la fatigue, à la répétition, à la nature du terrain, ils provoquent des traumatismes allant des égratignures et petits bobos dus à des passages dans des endroits difficiles d'accès (terrains accidentés) et à la nature de la végétation (ronces, orties, arbustes, épineux...), aux accidents musculaires et aux tendinites, entorses, voire dans certains cas fractures. Nous examinerons ci-après les accidents les plus courants trouvés chez les coureurs, comme les lésions inflammatoires, ainsi que les cas particuliers du ski et du VTT. Nous étudierons également les problèmes de déshydratation, l'une des grandes pathologies rencontrée en particulier lors des courses et des randonnées, et les accidents dus au climat (grand froid, chaleur, soleil...). Pour mémoire, nous avons ajouté à cette liste les accidents cardio-vasculaires. Enfin il est nécessaire de connaître les risques liés à la rencontre des hématophages (insectes qui se nourrissent de sang) et des serpents (vipères).

Pour les petits soins que l'orienteur peut se prodiguer lui-même, nous avons déjà décrit la composition d'une trousse de secours et du petit matériel indispensable en raid (voir le chapitre « L'équipement »). Bien entendu, pour les cas plus sérieux, il est indispensable de consulter un médecin et plus particulièrement un spécialiste de la médecine sportive qui seul pourra déterminer la gravité des pathologies et proposer les différents traitements tant médicaux qu'éventuellement chirurgicaux.

Les traumatismes

La répétition systématique du même mouvement peut créer des lésions anatomiques souvent inflammatoires, mais qui peuvent être fonctionnelles.

Les traumatismes de la cheville

L'ENTORSE DE LA CHEVILLE

La plus grande ennemie de l'orienteur est l'entorse de la cheville. Le principe

même de ce sport, qui allie rapidité et endurance et où le pied doit sans cesse s'adapter à la nature du terrain emprunté et déjouer les obstacles rencontrés (trous, branchages, pierres, sols pentus, rugueux, lisses, mouillés, glissants), favorise grandement le risque pour le sportif.
Afin de pallier ce problème, la méthode dite d'« autostrapping » est souvent pratiquée avant les compétitions. Elle consiste, par mesure de prévention, à permettre une contention souple par un système de bandage qui n'entraîne pas de gêne pour l'orienteur et empêche les chevilles très sollicitées pendant la course de tourner et de se luxer, voire, s'il y a chute, de se fracturer.

Pathologie des ligaments de la cheville

L'hyperpronation, associée à une hyperlaxité ligamentaire de la cheville, donne l'impression d'avoir une cheville qui « lâche ». Il faut alors utiliser un dispositif orthopédique, comme pour les entorses, de type *strapping* (immobilisation de la cheville). Le coureur devra faire une rééducation appropriée pour renforcer ses ligaments latéraux.

La tendinite achillienne

L'hypersollicitation du pied peut créer une réaction inflammatoire douloureuse autour du talon d'Achille. La sensation de brûlure peut apparaître dès le début de la course, puis s'atténuer progressivement mais réapparaître brutalement à la fin de l'effort. Cette douleur peut aussi apparaître au lever, puis au fur et à mesure de la journée, elle peut se réduire et disparaître. Au toucher le tendon est douloureux à l'arrière, et un œdème risque de se développer.
Les causes peuvent être multiples mais les principales sont des chaussures inadaptées (tennis et chaussures à semelles rigides) et les courses sur un sol dénivelé (côte ou descente, sol bombé). On le voit donc, il s'agit là d'un risque typique pour un orienteur.

Soins : outre le repos, l'orienteur pourra demander à son médecin la prescription d'antalgiques et d'anti-inflammatoires. Pour les cas aigus, on prône parfois l'application de glace et des exercices d'étirements sans forcer.

Prévention : utilisez des chaussures spécifiques, à semelles larges et flexibles, dotées d'une talonnette assez épaisse et ferme qui surélèvera le talon par rapport à l'avant-pied. Elles ne devront pas être lacées trop haut ni comporter des contreforts trop montants.
Malgré toutes ces précautions, si votre tendinite devient chronique, faites-vous examiner par un spécialiste (médecine du sport) qui déterminera s'il s'agit d'un problème biomécanique comme le pied creux, ou de pronations importantes (torsions latérales du tendon) qui peuvent se résoudre par un dispositif orthopédique. La poursuite de la course avec une tendinite achillienne risque de provoquer la formation d'un nodule avec à la clé une intervention chirurgicale.

Les traumatismes des jambes

Douleurs tibiales antérieures

Au niveau de la jambe et du pied, il existe des douleurs situées sous le genou et au-dessus de la cheville. Ce sont des douleurs de fatigue, qui surviennent généralement chez des athlètes en mauvaise condition physique et chez des débutants qui courent sur des surfaces dures. Cela peut être provoqué par une mauvaise position de la hanche pendant la course ou un mauvais positionnement du pied dans la flexion et l'extension au cours de la course, ce qui provoque des tendinites ou des périostites (inflammation de la surface de l'os), avec des formations de cals osseux à la longue.

Soins : repos, application de glace, bandage de la jambe, voire alternance d'applications de froid et de chaud.

Les traumatismes du genou

Les douleurs du genou

La chondromalacie est une anomalie de la mobilité de la rotule, souvent nommée « genou du coureur ». Le coulissement normal de la rotule s'effectue mal en raison de certains facteurs anatomiques et biomécaniques. Le déport de la rotule vers l'extérieur, la contraction de certains muscles et ligaments provoquent une douleur au niveau de la rotule. Cette sensation douloureuse peut augmenter en marchant ou en courant en côte. Elle peut toutefois disparaître pendant la course, mais revenir après. Cette pathologie touche en général le débutant ou le sportif qui modifie sa distance de course.

Soins : antalgiques et repos sont d'abord prescrits. On peut traiter la douleur avec une prise d'aspirine, voire d'anti-inflammatoires, et par l'application de glace pendant quelques minutes. Après une journée ou deux, on remplace la glace par une application de chaleur humide durant un quart d'heure, plusieurs fois par jour.

Prévention : un travail de renforcement va être également nécessaire, dès la disparition de la douleur. Il s'agit de faire travailler le quadriceps et le vaste interne (muscles situés au-dessus du genou). Les exercices proposés consistent à soulever des poids placés au niveau de la cheville. On peut régulièrement augmenter les poids à soulever, qui sont au début de quelques centaines de grammes à 1 kilo.
Il est aussi possible de corriger le problème de coulissement de la rotule en utilisant une orthèse temporaire (dispositif orthopédique) disposée dans la chaussure.

Tendinite poplitée

Elle survient le plus fréquemment chez celui qui court sur un terrain en pente ou sur un terrain sablonneux, ce qui augmente la pronation du pied (pied tourné vers l'intérieur) sur la partie la plus élevée de la pente. Donc dans une descente, le muscle poplité (muscle s'insérant sur la partie postérieure du condyle fémoral externe, passant à l'arrière des plateaux tibiaux et venant se terminer sur la face postéro-interne du tibia) agit comme un frein pour empêcher le déplacement antérieur du fémur. La course en descente occasionne une force excessive au niveau du tendon poplité. Cliniquement le sportif a une douleur précise au point d'insertion, soit : sur épicondyle fémoral externe.

Soins : le traitement de la tendinite poplitée est le même que celui du syndrome de friction de la bande ilio-tibiale. Ce traitement est complété par un apport d'anti-inflammatoires et des infiltrations de corticoïdes dans la zone la plus douloureuse.

Tendinite rotulienne

Moins courante, la tendinite rotulienne est une réaction inflammatoire de l'insertion du tendon rotulien sur la rotule. On la retrouve plus fréquemment chez les sauteurs. Elle ressemble au point de vue douleur à une fracture de fatigue de la partie interne du tibia. Cette affection doit être traitée de façon conservatrice : repos, genouillère, anti-inflammatoires, infiltrations de cortisone...

Les traumatismes du bassin et du dos

DOULEURS DE LA HANCHE, DE LA FESSE ET DU DOS

Elles peuvent être provoquées par un claquage des muscles abducteurs, des muscles postérieurs de la cuisse, une déchirure des adducteurs, une atteinte lombaire ou de la colonne lombo-sacrée (hernie discale).

Soins : le traitement de ces différentes douleurs est l'application immédiate de glace après la course, puis le repos et la chaleur, 36 heures plus tard. Dans le cas d'une hernie discale, diagnostiquée par le médecin pendant une course, l'arrêt immédiat s'impose. La pathologie confirmée peut entraîner une intervention chirurgicale.
Après traitements, ces différentes pathologies permettent la reprise de l'activité sportive, à condition que l'athlète ait suivi une rééducation rigoureuse et une remusculation progressive.

Les fractures

Toute chute peut entraîner des fractures diverses : main, poignet, coude, épaule, cheville, genou. Dans les cas extrêmes, tant à pied qu'à ski ou en VTT[1], sur un sol particulièrement abrupt et glissant, certains tassements vertébraux ont été constatés. Ce ne sont cependant que des cas d'exception. Un bon entraînement favorise la souplesse et la possibilité d'adaptation de l'orienteur, qui ne prend ainsi que très peu de risques.

1. Selon une enquête menée par la Direction de la Santé auprès de huit hôpitaux et répertoriant 73 cas en deux ans (1990-1992), les accidents de VTT ont eu lieu à 41 % dans des zones de loisirs (sentiers, parcs de loisirs…) et à 20 % dans des zones sportives. 33 % des accidentés ont subi un traumatisme crânien, et les membres supérieurs sont touchés dans la même proportion. Les contusions représentent 40 % des lésions, les plaies ouvertes 25 %, les fractures 19 % et les entorses 10 %.

Les fractures de fatigue

La vitesse, un entraînement trop important, un allongement trop important des distances de course, le fait d'être mal préparé ou en mauvaise condition physique, ou encore le port de chaussures inappropriées sur un sol dur peuvent entraîner des chocs importants au niveau des os, provoquant des fractures dites de fatigue à tous les niveaux des membres inférieurs.
Les plus fréquentes sont celles des métatarsiens, mais elles peuvent se produire également au péroné et au tibia.
Le seul problème, c'est qu'elles ne sont pas visibles rapidement à la radiographie, du moins pas avant plusieurs semaines (trois à quatre).
Dans le même domaine, le corps médical classe également toutes les affections du pelvis.
Ainsi les ostéites pubiennes surviennent en cas de surentraînement (courses plus longues ou encore travail de vitesse en complément).
Les symptômes, comme pour les fractures, consistent dans des tiraillements et des douleurs au niveau du pubis ou de l'aine.

Soins : confirmée par le principe de la scintigraphie osseuse, la fracture se remet par immobilisation, en général un plâtre, pendant plusieurs semaines.
L'utilisation de résine, légère et inaltérable, permet au sportif de pratiquer toutefois de la natation, voire du vélo.

Prévention : de bonnes chaussures qui absorbent les chocs, et une montée progressive de la puissance et de la durée de l'entraînement. Ne jamais forcer si la douleur apparaît. Enfin il faut travailler particulièrement les étirements au niveau des mollets (tendon et muscles) et des adducteurs.

Les autres problèmes dus à la course

La chaleur

L'HYPERTHERMIE

Un coureur peut se retrouver en hyperthermie lorsqu'il a une perspiration insuffisante ou s'il se déshydrate.
Les pertes de poids par hypersudation peuvent aller jusqu'à 6 kilos chez les marathoniens. Le débit de transpiration est directement fonction de la vitesse du coureur. Deux phénomènes apparaissent : la performance diminue et la température du corps augmente (fièvre) quand l'effort est effectué dans une ambiance froide. Il est donc très important pour un coureur (en particulier dans les raids), de se réhydrater au maximum.
Les symptômes : transpiration, frissons, mouvements involontaires, convulsions, cyanose, vomissements, voire diarrhée.

Soins : la victime d'un coup de chaleur doit être immédiatement hospitalisée.

L'ÉPUISEMENT

La chaleur peut provoquer encore l'épuisement, qui a pour symptômes : céphalées, délires, confusions, nausées, vomissements, agitations, crampes musculaires, sueurs froides avec un pouls rapide et faible.

Soins : arrêt immédiat de la course et mise en place d'une perfusion intraveineuse constituée d'un mélange de solution glucosée et de sérum isotonique.

LES CRAMPES

Dans les pathologies moins importantes provoquées par la chaleur, on trouve les crampes dues à une récupération insuffisante en eau, voire en sel (en ambiance chaude).

Soins : le traitement nécessaire est le rééquilibrage hydrique et le repos pouvant aller jusqu'à 48 heures, temps parfois nécessaire pour la disparition des crampes.

Prévention : l'habillement est très important. L'orienteur devra porter un vêtement de couleur claire en fibre perméable, qui ne soit pas trop serré. Pour la course de longue distance, un chapeau muni d'une visière et une serviette éponge mouillée ont leur importance autant que boire, plus ou moins 20 cl toutes les 15 minutes.
Dans le cas de courses par temps chaud ou dans un climat chaud, l'adaptation devra être progressive et l'allure des participants nettement ralentie.

Le soleil

La lumière du soleil qui arrive à la peau contient des ultraviolets (UVA, UVB) et des infrarouges. La composition solaire n'est pas toujours la même en altitude qu'en plaine, sous les tropiques ou par ciel voilé. La réverbération est différente en fonction du terrain : elle est de 85 % par la neige, 20 % par le sable, 5 % par l'eau et 3 % par l'herbe. Dans les courses à forte réverbération solaire, l'orienteur se méfiera donc des coups de soleil et surtout des insolations.
Les dermatoses (eczéma, dermite de contact) peuvent être dues à la photosensibilisation par voie externe ou interne. Cette phototoxicité est due :
– au contact direct de la peau avec l'herbe (le coureur qui s'allonge dans l'herbe torse nu, par exemple) ou par la conjugaison soleil/lotion capillaire, eau de toilette, etc., et sueur ;

– à l'absorption de médicaments courants comme les sulfamides, certains antibiotiques, les édulcorants et les traitements contre l'acné.

Prévention : se protéger les yeux avec de bonnes lunettes. Mais attention, le verre étant traversé par les UVA (et non par les UVB), il est recommandé de se munir d'un chapeau à visière.
Évitez de mettre du parfum, crèmes, déodorants, etc., qui peuvent provoquer des réactions de phototoxicité.
L'utilisation de produits solaires à divers indices suivant la fragilité de la peau est vivement conseillée. La sueur éliminant cette protection, l'application doit être renouvelée toutes les 2 heures, même lorsque le bronzage est obtenu.

L'hypothermie

L'hypothermie est rare mais peut se rencontrer chez l'orienteur par climat froid, venteux et humide, ainsi que chez le fondeur. Apparaissent alors une descente de la température, une mauvaise coordination des mouvements, des troubles du comportement, et le sportif devient confus.

Soins : il faut le réchauffer et le mettre sous oxygène chauffé et humidifié. Pour éviter ce genre de trouble, il faut porter plusieurs épaisseurs de vêtements chauds, des gants et un chapeau qui couvre les oreilles et le cou. L'ingestion de boisson est importante aussi.

L'hypoglycémie

Plus un effort est long, plus les besoins énergétiques en sucres sont importants. On trouve des états d'hypoglycémie plus particulièrement dans les épreuves de longue durée en fin de parcours. Il est donc nécessaire qu'un régime alimentaire très important en sucres lents soit prescrit pour tous les sportifs (pâtes, par exemple). Troubles que l'on rencontre : chute de la tension artérielle, céphalées, évanouissement pouvant aller jusqu'à la syncope.

Soins : apport en glucides, repos.

Prévention : une nourriture adaptée. (*Cf.* le chapitre sur la diététique du coureur.)

Les accidents cardio-vasculaires

Les risques de mort subite au cours d'une activité sportive concernent de nombreux sports tels la course à pied, le football, le squash, le rugby, le cyclisme, le basket-ball, le ski de fond, le tennis, le patinage sur glace... Les raisons sont soit des affections congénitales, une fibrillation ventriculaire, un accident vasculaire cérébral, soit inexpliquées.
Dans tous les cas, le tabagisme, l'hypertension artérielle, l'hypercholestérolémie, les douleurs thoraciques avec sensation de « blocage » de la respiration sont des facteurs de risques notables.

Prévention : le dépistage par spécialiste (cardiologue) est indispensable avant de faire du sport. Les sportifs de haut niveau sont soumis de façon régulière à ces dépistages, qu'accompagne de façon systématique un électrocardiogramme d'effort.

Les animaux présentant un danger

Les insectes et acariens

Dans la nature, et en fonction des saisons, l'orienteur peut se trouver

confronté à des rencontres à risques. Pour mémoire, nous citerons les taons, les moustiques, les guêpes, les frelons, les aoûtats et plus particulièrement les tiques.
Autant en hiver qu'en altitude, ces acariens ne sont pas présents. Autant à partir du printemps l'orienteur, tout comme le randonneur ou tout simplement le promeneur, sont des proies rêvées pour cet hématophage.
Le plus souvent la tique vit dans les herbes, mais son deuxième lieu de prédilection est le chêne. Une fois sur vous, la tique se dirige instinctivement vers les endroits où afflue le sang : taille, plis des coudes et des genoux, tête... La morsure n'est pas douloureuse. Il faut donc penser à s'inspecter journalièrement, car cette petite bête est porteuse de maladies peu fréquentes mais potentiellement dangereuses, à condition que son « accrochage » dure un minimum de 48 heures.
Parmi les bactérioses qu'elle provoque, la maladie de Lyme se traduit par un érythème autour du point mordu, suivi de manifestations rhumatologiques, cardiaques, voire neurologiques, le tout accompagné de fièvre et de fortes sueurs. Autres maladies : protozooses (telles que la piroplasmose), rickettsioses (telles que fièvre boutonneuse ou fièvre Q), et viroses (virus Eyach et encéphalite européenne). Le pourcentage de risque de maladie est faible cependant : de 1,2 à 5 % des personnes mordues. Mais n'oublions pas que dans certains cas extrêmes, on peut en mourir.

Soins et prévention : il existe un vaccin très efficace pour les formes les plus graves entraînant une méningo-encéphalite, mais pas pour la maladie de Lyme. La seule vraie prévention consiste en un examen attentif chaque jour. Si vous repérez l'animal, surtout ne tirez pas dessus, vous risqueriez de retirer seulement le corps, mais pas la tête, ni les pinces. Ce qu'il faut faire, c'est étouffer la tique avec un coton imprégné d'essence, de gasole, de benzène ou d'huile, pendant environ 10 minutes. Puis, avec une pince à épiler, on la retire délicatement en la saisissant par la tête. Ne pas oublier de bien désinfecter la morsure après. Bien vérifier l'état de la peau à l'endroit touché, pendant plusieurs jours. Si une rougeur apparaît, il vaut mieux consulter un médecin qui vous prescrira les antibiotiques appropriés. L'inconvénient majeur consiste dans la durée du traitement, parfois dans l'existence de séquelles et par conséquent l'arrêt de toute compétition.

La vipère

On peut trouver des vipères jusqu'à 3 000 mètres d'altitude et elles ont une activité aussi bien diurne que nocturne. Les vipères sont plus agressives pendant leur période de mue, qui se déroule l'été. Si elles ne sont pas dérangées, elles n'attaquent pas. On trouve en France cinq espèces de vipères : la plus rare, la vipère des Sables, dont quelques spécimens ont été signalés dans les Alpes ; la vipère d'Orsini qui ne mord presque jamais et fréquente les coteaux du Ventoux ; la vipère de Séoanne, qu'on trouve au Pays basque et dans les Landes. Les deux plus répandues sont la vipère Aspic qui vit dans les Pyrénées, les Alpes et le Massif central, essentiellement sur les terrains accidentés, a une activité diurne et nocturne par grosse chaleur, et devient agressive quand elle est dérangée, et la vipère Péliade que l'on trouve surtout dans les endroits humides : forêts, haies, marais salants. On la rencontre en Bretagne, dans le Massif central et dans les Alpes. Elle est plus agressive que la vipère Aspic, elle

mord facilement. L'essentiel de son activité est diurne.
Pour les éviter, il vaut mieux s'équiper de chaussures fermées et montantes, de pantalons. Les guêtres fournissent également une bonne protection. Précautions à prendre : faire attention où l'on s'assied, où l'on met les mains, et mettre en garde les plus jeunes. La morsure provoque initialement une rougeur, suivie d'une ecchymose, et une sensation douloureuse. Dans l'heure qui suit, cela peut s'accompagner de nausées, vomissements, diarrhées, malaises, fièvre et angoisses. Les formes les plus graves sont constatées chez les enfants et les allergiques.
En cas de morsure : pas de garrot, pas d'incision, pas d'aspiration par la bouche. Et surtout, pas de panique. Dans la mesure du possible, immobilisez la partie atteinte. Arrêtez tout effort physique. Désinfectez la plaie. Si vous disposez de glace, il est intéressant d'en mettre sur la partie mordue pendant le transport. Prévenez les secours. En France, il est rare d'être à moins de deux heures de marche d'une structure médicale. Si le blessé doit marcher, il doit le faire avec précautions, sans précipitation. Il est conseillé de bien noter les troubles du blessé pour les indiquer au médecin qui agira en conséquence.

EN COMPLÉMENT

À titre de prévention, il est nécessaire d'être à jour dans ses vaccinations antitétanique et antipoliomyélitique. Il est conseillé d'être vacciné contre la méningo-encéphalite, conséquence d'une morsure de tique.

Troisième partie

LA COMPÉTITION ET SES RÈGLEMENTS

Les compétitions

La course d'orientation pédestre, comme son nom l'indique, consiste à effectuer un parcours d'orientation à pied. Les parcours sont tracés en fonction du type de compétition. En courses classiques, sprints et relais on fait appel à un large registre de techniques d'orientation ainsi qu'à un haut niveau de concentration. Pour les courses de longue distance, le choix d'itinéraire est l'élément d'orientation déterminant.

Au départ d'une compétition, lors d'un championnat de la Fédération internationale sportive de l'enseignement catholique (Ph. B. Grelon)

La compétition

Course individuelle
Des courses individuelles peuvent être de Longue Distance, de Distance Classique ou de Sprint (Courte Distance).

Course relais
Chaque équipe est formée de deux ou plusieurs coureurs. Chaque coureur effectue sa course comme une course individuelle.

Course par équipe
Une équipe est formée par deux ou plusieurs coureurs qui peuvent être tenus de rester associés ou se répartissent les postes à découvrir. Les courses par équipes sont le plus souvent sous forme de longue orientation (par exemple les « raids d'orientation »).

Façon d'obtenir le classement
Les courses sont soit uniques, soit à étapes. Pour les courses par étapes, le classement final est la combinaison des résultats de deux ou plusieurs compétitions.

Courses fédérales
Ce sont les compétitions internationales organisées sur le territoire français et les compétitions qui comptent pour un classement national français. Parmi celles-ci on distingue trois groupes :

– *Groupe 1 :* les courses nationales (comprenant les Championnats de France) ;
– *Groupe 2 :* les courses interrégionales ;
– *Groupe 3 :* les courses longues comprenant les « raids d'orientation ».

Sport de haut niveau

Championnats du monde, Championnats d'Europe… la course d'orientation est un sport de haut niveau rassemblant les meilleurs coureurs internationaux. Athlètes complets, les « orienteurs » sont des sportifs accomplis possédant des qualités d'endurance et de vélocité. Ils sont aussi capables de gérer rapidement le choix d'un itinéraire et gardent toujours, malgré l'effort physique, la concentration nécessaire à l'étude de la carte.
Le groupe France de course d'orientation regroupe 60 garçons et filles. Certains d'entre eux se classent au plus haut niveau mondial : Olivier Coupat détient le titre de champion du monde universitaire 1996, sa jeune sœur Laure s'est classée sixième lors de la finale de la Coupe du monde 1996, et une autre française, Juliette Soulard, se classe régulièrement parmi les meilleures. En catégorie junior, il faut retenir le nom de Rémi Gueorgiou, le meilleur espoir actuel que l'on voit régulièrement aux places d'honneur.
Ces athlètes de haut niveau participent toute l'année aux stages d'entraînement et de préparation physique et aux compétitions internationales, encadrés par les entraîneurs nationaux.
Ils progressent au niveau mondial d'année en année. L'Équipe de France est aujourd'hui une sérieuse concurrente pour les équipes scandinaves, actuellement leaders au plan international.

« Gagner pour convaincre »

30 garçons et 30 filles forment les équipes de France 1997. Autour du directeur technique national, les entraîneurs et

La compétition est la finalité de tout coureur d'orientation (Ph. DR)

L'ÉQUIPE DE FRANCE « ÉLITE »

Frédéric Billet	*Stéphane Matton*	*Fabrice Vannier*
Olivier Coupat	*Jean-Daniel Giroux*	*Isabelle Abisse*
Rémi Gueorgiou	*Franz Mareigner*	*Laure Coupat*
Sylvain Mougin	*Stéphane Toussaint*	*Marie-Violaine Palcau*
Philippe Page	*Gilles Perrin*	*Juliette Soulard*

préparateurs physiques assurent un encadrement fédéral performant pour mener les athlètes français au plus haut niveau international.
L'entraînement intensif, le suivi médical et la préparation mentale de ces athlètes de haut niveau ont permis des résultats très prometteurs qu'il faudra confirmer en 1997 pour gagner une notoriété méritée.
Olivier Coupat, champion du monde universitaire 1996, rivalise aujourd'hui avec les Scandinaves et espère parvenir ainsi à imposer son sport en France dans un proche avenir.

La visite médicale d'aptitude

Pour le sportif de base

Le médecin effectue un examen complet où il fait le point sur les maladies connues du sportif, ses anciennes blessures (entorses, problèmes musculaires, tendinites...), sur ses résultats antérieurs, les objectifs atteints, les contre-performances inexpliquées, les problèmes liés au surentraînement, ses objectifs de la saison à venir et leur planification.
Il vérifie plus particulièrement la tension artérielle. Pour juger de l'adaptation cardio-vasculaire à l'effort dynamique, il effectue un électrocardiogramme, complété par un test d'effort.
Les membres inférieurs et la colonne vertébrale sont contrôlés, ainsi que la mise à jour des vaccinations. Pour les plus jeunes, le vaccin contre l'hépatite B est nécessaire.
Le médecin, enfin, mesure la taille et le poids de façon systématique.
En cas de demande de surclassement, les résultats des électrocardiogrammes de repos et d'effort devront être envoyés au médecin fédéral.
À l'issue de cet examen, le médecin délivre un certificat d'aptitude à la pratique de la course d'orientation en compétition.
Cet examen peut être effectué par le médecin de votre choix.

Pour le sportif de haut niveau

Un suivi médical pour les sportifs de haut niveau, en particulier pour les orienteurs sélectionnés en équipe de France, est obligatoire. Il comporte un minimum de deux examens par an et doit être effectué par des médecins spécialistes de la médecine sportive. Ces examens sont pris en charge par la FFCO, pour les orienteurs appartenant à un pôle France Seniors A et Jeunes A, et par la région, pour les pôles Espoirs.

Les catégories de course

Les courses sont individuelles sur les distances « classiques ». Les temps des courses de niveau national varient en fonction des classes, des catégories d'âges et selon qu'il s'agit d'hommes ou de femmes.
Il existe trois classes différentes :
– *E* qui correspond à la classe *Élite* ;
– *L* qui correspond à la classe *Long* ;
– *C* qui correspond à la classe *Court*.
Les catégories d'âge FFCO sont à utiliser dans toutes les courses de classement en France. Les catégories internationales restent de rigueur pour toutes les courses tournées vers les coureurs venant de l'étranger, comme les « 5 Jours de France ».

Suivant l'âge et le sexe, des courses différentes sont proposées (Ph. B. Grelon)

Le regroupement suivant des catégories est prévu en fonction de la population des compétiteurs :
– les catégories Benjamins, Minimes, Cadets et Juniors n'ont qu'une seule distance de course dont la durée varie selon les âges ;
– les dames Espoirs et Seniors sont regroupées pour les classes **L** et **C** (DSe C) ;
– les dames Vétérans sont regroupées pour la classe **C** (DV C) ;
– les hommes Espoirs et Seniors sont regroupés pour la classe **C** (HSe C) ;
– les hommes Vétérans sont regroupés pour la classe **C** (HV C).
(Sur les différentes catégories de course voir également le chapitre suivant « Extraits du règlement ».)

Les durées de course

Course individuelle Sprint
Elle se pratique à partir de 17 ans pour les hommes comme pour les femmes et dure 25 minutes.

Relais
Il est pratiqué par toutes les catégories avec des temps de courses par relayeur variant de 25 minutes ou 2 x 15 minutes à 40 minutes selon la catégorie et le sexe.

Raid d'orientation
Les temps de course sont variables (voir plus loir le paragraphe « Les raids »). Les équipes sont constituées selon l'âge et le sexe en trois catégories, Jeunes (à partir de 16 ans), Seniors, et Vétérans.

Course d'orientation à ski
Individuelle : toutes les catégories d'âge sont représentées à partir de 14 ans et les temps de course sont de 35 minutes à 90 minutes selon le sexe et l'âge.

Relais : se pratique pour les hommes comme pour les dames à partir de 15 ans et sont de 40 minutes pour les dames et 50 minutes pour les hommes.

Course d'orientation à VTT
Individuelle : toutes les catégories sont représentées et les temps de course varient de 70 minutes à 120 minutes selon l'âge et le sexe.
Relais : elle se pratique à partir de 15 ans et les temps de course sont de 45 minutes pour les dames et de 55 minutes pour les hommes.

À ski, toutes les catégories d'âge sont représentées à partir de 14 ans. Avant, il s'agit d'initiation dans le cadre d'un club ou scolaire (Ph. Jacky Ribeyre-UGSEL)

COURSE D'ORIENTATION PÉDESTRE INDIVIDUELLE SUR DISTANCES

Âge au 31/12	*Catégorie d'âge FFCO*	*Sigle*	*Dames*				*Hommes*			
			E	**L**	**C**	**Cat. int.**	**E**	**L**	**C**	**Cat. int.**
12 et +	Benjamins	Be		25'		D12		25'		H12
13 et 14	Minimes	Mi		30'		D14		40'		H14
15 et 16	Cadets	Ca		40'		D16		50'		H16
17 et 18	Juniors	Ju		50'		D18		60'		H18
19 et 20	Espoirs	Es	60'	60'	40'	D20	70'	65'	55'	H20
21 à 39	Seniors	Se	65'	60'	40'	D21, D35	80'	75'	55'	H21, H35
40 à 49	Vétérans 1	V1		50'	35'	D40, D45		65'	40'	H40, H45
50 à 59	Vétérans 2	V2		45'	35'	D50, D55		55'	40'	H50, H55
60 et +	Vétérans 3	V3		45'	35'	D60 et +		50'	40'	H60 et +

INDIVIDUEL SPRINT

Âge au 31/12	*Catégorie*	*Temps de course (en min)*
17 et +	Dames	25’
17 et +	Hommes	25’

RELAIS

Âge au 31/12	*Catégorie*	*Temps de course par relayeur (en min)*	
		DAMES	HOMMES
14 et –	Minimes/Benjamins	25’ ou 2x15’	25’ ou 2x15’
15 à 18	Juniors/Cadets	35’ ou 2x25’	35’ ou 2x25’
19 à 39	Seniors	40’ ou 2x30’	45’ ou 2x30’
40 à 49	Vétérans 1	40’ ou 2x30’	45’ ou 2x30’
50 et +	Vétérans 2	35’	35’

COURSE D’ORIENTATION À SKI (INDIVIDUEL)

Âge au 31/12	*Catégorie*	*Temps de course (en min)*	
		DAMES	HOMMES
14 et –	Minimes/Benjamins	35’	40’
15 à 18	Juniors/Cadets	45’	60’
19 à 39	Seniors	60’	90’
40 à 49	Vétérans 1	50’	60’
50 et +	Vétérans 2	35’	35’

RELAIS

Âge au 31/12	*Catégorie*	*Temps de course (en min)*
15 et +	Dames	40’
15 et +	Hommes	50’

COURSE D’ORIENTATION À VTT (INDIVIDUEL)

Âge au 31/12	*Catégorie*	*Temps de course (en min)*	
		DAMES	HOMMES
14 et –	Minimes/Benjamins	70’	70’
15 à 18	Juniors/Cadets	80’	70’
19 à 39	Seniors	100’	120’
40 à 49	Vétérans 1	80’	90’
50 et +	Vétérans 2	70’	80’

RELAIS

Âge au 31/12	*Catégorie*	*Temps de course (en min)*
15 et +	Dames	45'
15 et +	Hommes	55'

RAID D'ORIENTATION

Âge au 31/12	*Catégorie*	*Temps de course*
16 à 20	Jeunes	variable
21 à 39	Seniors	variable
40 et +	Vétérans	variable

Les relais

Variations et combinaisons des parcours de relais

Les courses de relais sont un type de compétition très attrayant à la fois pour les spectateurs et pour les concurrents. La confrontation est directe entre équipes même si chaque équipier doit résoudre seul les problèmes d'orientation.
Les particularités d'une course de relais sont :
– chaque concurrent effectue individuellement un parcours d'orientation ;
– les premiers départs sont simultanés ;
– le passage du relais entre membres d'une même équipe se fait d'une façon continue ;
– le parcours total de toutes les équipes est identique, même si les parcours individuels diffèrent.

Afin de concilier les exigences d'une vraie course individuelle pour chaque coureur avec les conditions d'une course en ligne, des méthodes de répartition des parcours sont utilisées selon deux principes fondamentaux :
– *des variations de parcours* qui permettent de créer un grand nombre de parcours différents. Ces variations proviennent de l'utilisation de « fourches » et de « branches » ;
– *des combinaisons différentes de ces parcours* sont attribuées aux équipes de telle sorte qu'il n'y ait jamais deux équipes avec exactement le même enchaînement des parcours.

Le nombre de branches dépend du nombre de relais. Le nombre de fourches dépend du nombre d'équipes en lice et donc du nombre de combinaisons nécessaires. Ces nombres se calculent par :
– nombre de variations de parcours différents, $V = Nn$;
– nombre de combinaisons d'équipes différentes, $C = (N!)n$
avec N = nombre de branches
n = nombre de fourches.

Les systèmes de relais les plus utilisés sont :
– pour 2 relayeurs (et tout autre nombre pair) on utilise généralement le modèle Farsta qui a des parcours à 2 branches et un nombre de fourches dépendant du nombre de combinaisons nécessaires ($C = 2n$). Il est conçu de telle sorte que la totalité du parcours est parcourue par deux relayeurs, l'un ayant le complément exact du parcours de l'autre.

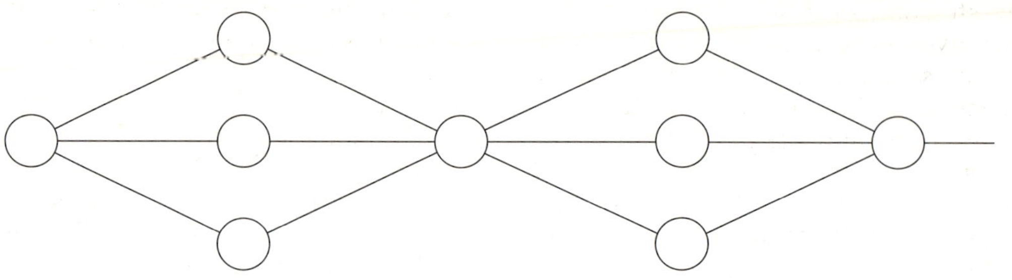

Exemple de 2 fourches à 3 fourches (n = 2, N = 3)

Le Farsta est aussi à la base de ce qui est connu sous le nom de « relais finlandais » où 2 relayeurs accomplissent chacun 2 parcours partiels Farsta en alternance (C = 4 x 2[n1 + n2]) ;
– pour 4 relayeurs, 2 Farsta sont parcourus successivement (C = 2 [n1 + n2]) ;
– pour 3 relayeurs (ou éventuellement 4) on utilise une extension du modèle Vännäs qui comporte autant de branches que de relayeurs et un nombre de fourches dépendant du nombre de combinaisons nécessaires (3 relayeurs, C = 6n).

Un jeu complet de ces combinaisons peut être obtenu auprès de la FFCO. Les numéros d'ordre des combinaisons sont calculés pour donner la meilleure séparation entre les parcours des équipes consécutives.

Les raids

La course d'orientation, c'est aussi l'aventure sac au dos, boussole et carte en main avec le Raid. Cette pratique

Un des grands classiques : le raid IGN-Francital (Ph. FFCO)

existe depuis fort longtemps avec des épreuves du type raid IGN-Francital ou d'autres où la course d'orientation a une place de choix. En constatant l'engouement d'un public de plus en plus nombreux pour ce type d'épreuve, la FFCO a mis en place en 1996 un nouveau concept sous forme de « course d'orientation de longue distance ». Selon les responsables de la fédération[1], cette forme d'orientation a pour caractéristiques :

Des critères identiques à la course « classique »

– La technique d'utilisation de carte et de boussole ;
– la compétition ;
– le milieu naturel ;
– le déplacement à pieds (éventuellement à skis ou à VTT).

Des différences

– Une approche technique et des parcours plus faciles ;
– une carte plus simple ;
– une participation sous la forme d'une équipe constituée ;
– des temps de course notablement plus longs, de quelques heures à un ou plusieurs jours ;
– une prise de risque plus importante ;
– parfois une plus grande autonomie ;
– un contact plus proche et plus long avec la nature.

Même s'il s'inscrit plus dans une activité dite de « loisirs », le raid est avant tout une activité sportive de pleine nature. Il a pour objectifs les mêmes finalités qui font la spécificité et l'originalité de la course d'orientation, à savoir :
– *le milieu*, c'est la nature et plus particulièrement la forêt ;
– *la technique*, c'est l'utilisation d'une carte spécifique et d'une boussole ;
– *le déplacement*, essentiellement pédestre (couru ou marché) ;
– *la forme*, il s'agit d'effectuer un parcours non reconnu, en choisissant son itinéraire mais en passant obligatoirement par des postes de contrôle.

Un grand rendez-vous

Depuis 15 ans, les amateurs de randonnée nature, de dépaysement ou d'exploit sportif se retrouvent chaque année durant le week-end de Pentecôte pour un grand raid d'orientation, le raid IGN-Francital. Plus de 2 500 orienteurs débutants ou confirmés participent à cet incontournable rendez-vous qui s'est déroulé en 1996 dans le Larzac et en 1997 en Savoie.

Ce raid de deux jours est organisé à travers une région de France, à chaque fois différente. Les participants choisissent le circuit adapté à leur capacité. Randonneurs en famille, sportifs amateurs d'effort physique ou athlètes de haut niveau s'élancent par équipe de deux ou trois au petit matin pour rallier le lieu de bivouac, en passant par les points de contrôle à repérer sur la carte remise au départ. Le soir, une foule enthousiaste se retrouve au milieu des tentes multicolores. Au matin du deuxième jour, chacun reprend sa route pour rallier le point d'arrivée en choisissant le meilleur itinéraire. La fête se termine en fin de journée, laissant à chacun la satisfaction d'avoir, en pleine nature, vécu des moments inoubliables.

1. D'après le texte de Michel Devrieux, directeur technique national adjoint, paru dans *Orientation Magazine* n° 23, janvier 1996.

Le Trophée international des raids

La Fédération française de course d'orientation a donc mis en place depuis 1996 le Trophée international des raids d'orientation qui regroupe six raids, organisés dans des régions différentes de mai à octobre.
Reprenant le règlement du raid IGN, tous les amateurs doivent parcourir le circuit en deux étapes d'une journée avec bivouac, par équipe de deux (deux jours de course avec un bivouac). Pour prétendre au Trophée, il faut avoir participé au minimum à trois épreuves du Trophée sur les six épreuves proposées.
En 1997, les raids proposés étaient : le raid IGN-Francital en Savoie, en mai ; le raid Millet-Altitude dans les Hautes-Alpes, en juin ; la Transforestière dans les Ardennes belges, en juillet ; le raid Karrimor à Savognin en Suisse, en août ; le raid Bombis à Chenôve en Bourgogne, en septembre ; le raid Azur dans les Alpes-Maritimes, en octobre.

Le classement

Voici les principales indications du classement données par le règlement des raids :

• Le Trophée est mis en jeu tous les ans pour des équipes de deux coureurs qui concourent sur les parcours prévus dans leur catégorie :
– Seniors Hommes ;
– Seniors Dames ;
– Seniors Mixtes (dame + homme) ;
– Vétérans ;
– Juniors.
Ces classes d'âge sont définies dans le règlement.

• Les épreuves comptant pour ce Trophée se déroulent conformément au règlement particulier pour les raids d'orientation.

• Les deux coureurs de chaque équipe doivent effectuer leur parcours en restant toujours associés. Les équipiers doivent être les mêmes pour toutes les courses comptant dans le classement.

• Le classement est établi à partir du total des trois meilleurs résultats en points obtenus dans les courses de la saison.

• Les 30 premiers classés de chaque classement marquent des points. Le vainqueur marque 50 points, le deuxième 45, puis 40, 36, 32, 29, 26, 22, 21 ,20, 19... 1. Ce nombre est multiplié par deux coefficients :
– un coefficient selon la course annoncée sur le calendrier chaque année ;
– un coefficient selon le parcours effectué.

Les 12 caractéristiques communes aux raids d'orientation

1. Le raid d'orientation est une épreuve pédestre par équipe qui se déroule sur deux jours avec lieu de bivouac imposé.

2. Leur règlement est un complément au règlement sportif FFCO qui régit l'ensemble des épreuves de course d'orientation.

3. Le bivouac est réservé aux concurrents.

4. Les équipes sont composées de deux compétiteurs. Ils doivent effectuer leur parcours en restant toujours associés.

5. Les mineurs ne peuvent concourir que s'ils sont licenciés auprès de la FFCO depuis plus d'un an, ou s'ils sont accompagnés par une personne majeure ou par une personne de plus de 16 ans licenciée à la FFCO depuis plus d'un an.

6. Les équipes de moins de 16 ans ne peuvent concourir.

7. Les équipes doivent être en autonomie complète pour leur nourriture, leur équipement de couchage et leur matériel de rechange. Seul un ravitaillement en eau est fourni au bivouac.

8. Le matériel que doivent porter les concurrents est imposé. Il peut varier selon la saison et le lieu de la course. Les concurrents doivent garder leur matériel avec eux tout au long de l'épreuve.

9. La carte est de préférence une carte de course d'orientation, aux normes IOF. Sinon, une carte de qualité suffisante est proposée.

10. Les départs sont simultanés le premier jour. Le deuxième jour, ils peuvent être échelonnés avec les retards de temps de l'arrivée du premier jour.

11. Diverses méthodes de traçage de parcours peuvent être utilisées pour séparer les concurrents, afin d'éviter les suivis et les regroupements.

12. Les épreuves se déroulent sur des parcours de longueurs et de niveaux techniques différents. Les cinq parcours suivants, au moins, sont proposés :

Parcours	*Caractéristiques du parcours*	*Catégories de classement*	*Temps total de course sur 2 jours*
LD	Long et techniquement difficile	Senior : hommes	12 heures
MD	Moyen et techniquement difficile	Seniors : hommes, dames, mixtes	10 heures
CD	Court et techniquement difficile	Seniors : dames, mixtes, juniors, vétérans	7 heures
MF	Moyen et techniquement facile	Seniors : hommes	10 heures
CF	Court et techniquement facile	Seniors : dames, mixtes	7 heures

Extraits du règlement de la Fédération française de course d'orientation

Ce document[1] comprend les principaux règlements en vigueur pour toutes les disciplines de course d'orientation. Ce texte n'en reprend que les grandes lignes. Il ne peut en aucun cas servir de référence pour l'organisation d'une compétition ou le règlement d'un litige. Les éléments qui sont donnés ci-après permettront au coureur de CO de s'initier aux différentes règles qui régissent les compétitions. Les éléments particuliers qui concernent le ski et le VTT font l'objet d'un paragraphe dans les chapitres qui leur sont consacrés.

Principales règles de conduite des concurrents

• La probité sportive du coureur d'orientation est un principe fondamental. Le respect total des présentes règles doit être la préoccupation de chaque concurrent.

• Les concurrents sont tenus de demeurer silencieux durant l'épreuve.

• Il est interdit d'effectuer un parcours ou une fraction de parcours en collaboration avec un ou plusieurs coureurs.

• Tout ordre imposé de passage aux postes de contrôle doit être respecté.

• Il est interdit de s'écarter de plus de 5 mètres du balisage d'un itinéraire obligatoire.

• L'assistance mutuelle est obligatoire en cas d'accident.

• L'usage de tout instrument de navigation autres que la carte et la boussole est interdit.

• Les concurrents doivent respecter les zones interdites, les propriétés closes et les cultures.

• Il est interdit de chercher à obtenir des renseignements sur la course (carte, parcours) autres que ceux fournis par l'organisateur à l'ensemble des concurrents.

• Tout concurrent doit s'abstenir de participer à une course s'il connaît suffisamment bien le terrain de course pour en retirer un avantage sensible sur les autres concurrents.

• Les concurrents doivent se conformer aux règles de circulation en vigueur, sauf précision de l'organisateur.

• Le concurrent doit céder le passage sur demande d'un autre concurrent si le chemin se réduit à un seul passage.

1. Ce règlement a été approuvé par le Comité directeur le 28 octobre 1995.
Il est valable à partir du 1er janvier 1996 et a subi sa première mise à jour le 30 novembre 1996.

Des règles de conduite strictes qui mettent en valeur la probité du coureur (Ph. DR)

• Une tenue couvrant toutes les parties du corps peut être imposée par l'organisateur.

• En aucun cas un concurrent ne doit ramasser les confettis qui sont placés au pied de chaque poste de contrôle pour marquer son emplacement au cas où il viendrait à disparaître.

• Les dossards et/ou plaques, fournis par l'organisateur, doivent être obligatoirement suivant les indications, sans suppression ou adjonction de publicités.

Terrains « gelés »

• Les terrains utilisés pour les courses fédérales, sont « gelés » à partir du moment où la décision de les utiliser a été prise. Les coordonnées des terrains « gelés » sont publiées dans le bulletin officiel fédéral. Dès cet instant toute activité d'orientation y est interdite.

Contrôle antidopage

• Il peut être effectué lors d'une compétition, d'un entraînement ou sur convocation d'un médecin préleveur assermenté ayant un ordre de mission pour ce contrôle.

Responsabilité des clubs

• Ils sont responsables de leurs adhérents qui ne sont pas rentrés après l'heure de fermeture des parcours. Ils peuvent demander de l'aide à l'organisateur pour rechercher les égarés éventuels.

Les coureurs

Les licenciés

Tout sportif français participant à une course d'orientation ou à une manifestation d'orientation organisée par une

association affiliée à la FFCO doit être en possession d'une licence de course d'orientation en cours de validité.
Le demandeur d'une licence ouvrant droit à la compétition doit détenir un certificat médical de non contre-indication à la pratique de la course d'orientation en compétition en cours de validité. Ce certificat doit être déposé auprès du président de son club.

Les catégories et les classes

Les coureurs sont répartis dans les catégories suivant leur âge et leur sexe. L'âge est celui qu'aura le licencié au 31 décembre de l'année civile en cours.
Pour certaines catégories d'âge il existe des classes avec des parcours de différents niveaux physiques :
– classe E : parcours Élite ;
– classe L : parcours « normal » long ;
– classe C : parcours court.
Le sigle de la classe est accolé à la dénomination de la catégorie (par exemple HSe E, HSe L, HSe C).
Les classes peuvent être subdivisées en sous-classes de niveaux équivalents si le nombre de participants est trop important (par exemple « C1 », « C2 »).
Seule la catégorie d'âge est portée sur la licence et non la classe, sauf éventuellement la mention « E » (Élite) pour les athlètes figurant sur une liste fédérale de Haut Niveau.
Tout coureur licencié, apte médicalement et ayant acquitté son droit d'inscription, peut courir dans la classe de son choix dans sa catégorie d'âge.
Le nombre de places sur les parcours des classes « Élite » peut être limité. Dans ce cas les coureurs sont admis selon des classements antérieurs.
Les listes des catégories ouvertes par la FFCO pour les différentes disciplines et les différents types d'épreuves sont réactualisées périodiquement selon l'évolution des populations de compétiteurs.
On appelle *surclassement* la participation à une course dans une catégorie d'âge autre que la sienne dont la longueur du parcours selon le règlement est supérieure à celle de la classe la plus élevée de sa propre catégorie d'âge. Le surclassement est autorisé sous réserve de satisfaire aux critères médicaux d'aptitude au surclassement (indiqués dans le règlement médical de la FFCO).
Pour les relais, le surclassement est autorisé pour toutes les catégories Vétérans. Il est interdit pour les coureurs de moins de 19 ans, sauf s'ils font partie d'un groupe Haut Niveau de la fédération.

La participation aux courses

Les manifestations de course d'orientation en France sont ouvertes à tous les coureurs français licenciés à la FFCO à jour dans leur cotisation, ne faisant pas l'objet de mesure disciplinaire et ayant acquitté leur droit d'inscription. Les concurrents doivent être inscrits et concourir sous leur nom et sous l'appellation de leur club d'affiliation. Les coureurs étrangers peuvent concourir en France dans les mêmes conditions que les coureurs français (sauf cas particuliers).
Depuis la première utilisation en compétition d'une nouvelle carte (qu'il y ait déjà eu une carte sur le terrain ou non) et jusqu'à la fin de la saison en cours, les cartographes, les traceurs et les contrôleurs des compétitions organisées sur la carte n'ont pas le droit de participer à d'autres compétitions sur cette même carte.
La participation dans les courses françaises d'individus ou d'équipes représentant leur pays ou une partie de leur pays reste soumise à l'accord de la FFCO.
Aucun coureur, aucune équipe, aucun groupement ne peut représenter la France

Les manifestations de course d'orientation en France sont ouvertes à tous les coureurs français licenciés à la FFCO (Ph. B. Grelon)

dans une compétition internationale représentative sans l'autorisation de la FFCO qui est seule habilitée à effectuer les inscriptions.
Les coureurs français peuvent courir sans restriction à titre individuel ou au titre de leur club dans les courses internationales ouvertes. Les inscriptions et leur paiement doivent être effectués par les coureurs ou par leur club.

Modalités d'organisation des courses

Les candidatures pour l'organisation d'une course

Seule la FFCO est habilitée à inscrire une compétition au calendrier international. Elle est responsable envers les instances internationales du bon déroulement de l'épreuve. Elle peut déléguer l'organisation à une ligue, un comité départemental ou un ou plusieurs clubs qui devra (devront) former un comité d'organisation.
L'organisation d'une compétition fédérale est subordonnée au dépôt d'un dossier de candidature remis à la direction technique nationale par l'intermédiaire d'une ligue.
L'organisation d'une course de niveau national (Groupe 1) est attribuée par la FFCO à une ligue qui peut déléguer l'organisation soit à un comité départemental, soit à un ou plusieurs clubs. La ligue est seule responsable envers la fédération du bon déroulement de l'épreuve.
L'organisation d'une course interrégionale (Groupe 2) est autorisée par la FFCO au vu des visas des ligues constituant l'interrégion. En cas de conflit entre candidats à l'organisation, la FFCO choisit l'organisateur.
Les courses Longues (Groupe 3) ainsi que les courses régionales, départementales ou locales ne peuvent être organisées que par un organisme décentralisé de la FFCO, quelle que soit la discipline concernée.

Le contrôle et le contrôleur-juge-arbitre

Toute compétition organisée dans le cadre d'un calendrier fédéral ou régional doit avoir un contrôleur-juge-arbitre. Celui-ci doit être titulaire du diplôme du niveau au moins égal à la compétition contrôlée.
Pour chaque compétition internationale, nationale ou championnats de France (courses du Groupe 1), un ou plusieurs contrôleurs sont désignés par la FFCO.
Pour les courses des Groupes 2 et 3 le contrôleur est désigné par la ligue orga-

nisatrice, ou par le conseil interrégional responsable du calendrier de l'interrégion. Chaque dossier de demande d'inscription d'une compétition du Groupe 2 au calendrier fédéral doit être accompagné de la désignation d'un contrôleur et éventuellement d'un adjoint.
Pour chaque compétition de course d'orientation régionale, les organismes décentralisés de la fédération désignent un contrôleur.

Les cartes

Les cartes pour les courses fédérales doivent être aux normes de l'IOF. L'échelle de la carte pour les courses fédérales doit être l'une des suivantes : 1/10 000e, 1/15 000e, 1/20 000e, 1/25 000e ou 1/30 000e.
Pour les courses classiques, sprints ou relais pédestres l'échelle doit être de 1/10 000e ou de 1/15 000e et l'équidistance entre courbes de niveau ne doit pas dépasser 5 mètres.
Les cartes pour les courses fédérales doivent avoir une date de publication qui ne peut précéder le jour de la compétition de plus de 24 mois.

Les cartes pour les courses fédérales doivent être aux normes de l'IOF (Ph. B. Grelon)

Les postes de contrôle

Les postes de contrôle sont disposés à des lieux caractéristiques du terrain et nettement identifiables sur la carte. Deux postes disposés sur deux éléments semblables ne peuvent être à moins de 100 mètres l'un de l'autre.

Les parcours

Les parcours sont tracés en fonction des capacités physiques et techniques des compétiteurs pour lesquels ils sont destinés. Les longueurs des parcours sont calculées pour respecter les temps de course prescrits.
Pour les courses de relais, les systèmes de variations des parcours doivent être respectés afin d'assurer que chaque équipe effectue au total exactement le même parcours.
La somme des dénivelés positifs sur un parcours ne doit pas dépasser 4 % de la longueur du parcours par les itinéraires les plus logiques, quelle que soit la discipline.
Les surimpressions des parcours sur les cartes sont faites au moyen d'une encre transparente de couleur rouge-violet. La symbolique figure dans la *Codification internationale pour les cartes de course d'orientation*.

Les zones dangereuses

Elles doivent être délimitées par de la tresse rouge/orange et blanche. Les passages dangereux, les itinéraires obligatoires des parcours et les franchissements obligatoires des routes fréquentées doivent être matérialisés sur le terrain.
Les couleurs des tresses utilisées sont au libre choix des organisateurs mais elles ne doivent pas prêter à confusion. Ces couleurs doivent être annoncées dans les informations de course.

Ravitaillement

L'organisateur doit proposer aux coureurs la possibilité de se désaltérer durant l'épreuve quand le temps prévu du vainqueur sur leur parcours dépasse une heure de course. Si le ravitaillement est à un poste de contrôle, le coureur doit en être informé par la voie des définitions de postes, sinon, l'emplacement doit être imprimé sur la carte selon la norme. Chaque concurrent peut emporter avec lui de quoi se ravitailler. Aucun autre ravitaillement n'est autorisé.

L'accueil des débutants

Lors de chaque course fédérale pédestre, trois parcours d'initiation à la compétition sont proposés. Ils sont dénommés IC1, IC2 et IC3.
Les parcours d'initiation à la compétition sont ouverts à toutes les licences FFCO, y compris celles qui ne donnent pas droit aux classements annuels. Le parcours IC1 est jalonné.

Le départ

Le départ doit être donné au moyen d'un signal sonore. Le point de départ à partir duquel les concurrents doivent s'orienter est marqué sur le terrain par une toile de poste de contrôle et sur la carte par un triangle.
Chaque coureur est responsable de son départ. Les coureurs ne sont pas appelés, mais l'heure de départ portée sur le carton de contrôle est annoncée par voie d'affichage ou oralement. Le départ lors d'une course individuelle est soit échelonné dans le temps par catégorie, soit simultané.
Lors de courses de relais, le premier départ est simultané par catégorie. Les départs des relayeurs suivants se font par passage d'un témoin (ce passage peut être un toucher de la main). Le départ des relayeurs suivants des équipes attardées peut se faire simultanément à une heure fixée à l'avance par l'organisateur, mais pas avant l'arrivée de l'équipe vainqueur.

L'arrivée

L'itinéraire qui mène sur la ligne d'arrivée est obligatoire et balisé.
La ligne d'arrivée doit être perpendiculaire au sens du balisage et d'une largeur d'au moins 3 mètres. Sa position exacte est visible de loin des coureurs qui arrivent.
L'heure d'arrivée est prise à l'instant où la poitrine du concurrent franchit la ligne d'arrivée. L'heure est arrondie à la seconde entière inférieure. Les temps de course sont donnés sous forme de « heure/minute/seconde » ou de « minute/seconde ».
Le passage à l'arrivée de tous les concurrents est obligatoire, même en cas d'abandon.
Chaque course dispose d'une assistance médicale répondant aux normes d'organisations de manifestations sportives. Toutes dispositions sont prises pour permettre l'évacuation rapide de blessés.

Le déroulement des compétitions

Les heures de départ

Lors de courses fédérales ou internationales, l'ordre de départ des concurrents est obtenu par tirage au sort après la clôture des inscriptions. Il est aménagé de façon à éviter que deux concurrents d'un même club partent l'un derrière l'autre sur un même parcours. Aucune modification des heures de départ publiées n'est acceptée pour convenance personnelle.
L'heure de départ assignée à un concurrent demeure valable lorsque celui-ci se présente en retard et que ce retard est de son fait. Si le retard est causé par l'organisateur (transports, erreur dans la distribution des cartes, etc.), il est attribué une nouvelle heure de départ au concurrent par accord amiable avec l'organisateur. Ce changement d'horaire ne peut donner lieu à aucune réclamation.
Lors de l'attribution des heures de départ des catégories « Élite » pour des courses fédérales délivrant un titre (par exemple Championnat de France) ou entrant dans le cadre d'une sélection, les coureurs étrangers sont séparés des coureurs français.

Pour les courses fédérales, l'intervalle de temps entre départs échelonnés doit être de :
– 3 minutes au moins pour les classes « Élite » ;
– 1 minute pour toutes les classes non-« Élite », sauf quand un parcours compte moins de 90 coureurs inscrits, il sera alors de 2 minutes.
Lorsque deux ou plusieurs catégories concourent sur le même parcours, les départs des catégories peuvent être soit consécutifs, soit mélangés.

La remise des cartes et des définitions de postes

La carte de compétition est mise à disposition du concurrent sous l'une ou l'autre des deux formes suivantes :
– comportant le parcours du concurrent surimprimé : dans ce cas la catégorie du coureur doit être marquée au recto ;
– carte vierge : dans ce cas le compétiteur doit recopier son parcours suivant les indications de l'organisateur.
Lors de courses fédérales avec départs échelonnés, les cartes avec parcours surimprimés doivent être disponibles aux concurrents une minute avant leurs départs. Cette règle ne s'applique pas aux catégories « Élite » lors de courses pédestres. Dans ces cas particuliers les cartes sont mises à disposition au moment du départ.
Le coureur est responsable de la prise de sa carte au départ.
La remise des définitions de postes aux compétiteurs se fait soit avant le départ, soit imprimées ou collées au recto de la carte. Pour certains types de compétition elle peut se faire après le départ.

Le carton de contrôle

Le carton de contrôle est fourni par l'organisateur. Soit il est distribué au plus tard une heure avant le premier départ, soit il est remis avec la carte et fixé sur celle-ci. Le concurrent doit rendre son carton de contrôle à l'arrivée dans un état permettant son exploitation, même en cas d'abandon.
Le marquage du carton de contrôle, et lui seul, doit prouver sans équivoque le passage du coureur à tous les postes de son parcours.
Le carton doit être poinçonné dans l'ordre des postes. Les erreurs doivent être rectifiées dans une des cases de réserve

prévues à cet effet. Un compétiteur qui poinçonne incorrectement peut être déclassé.
Dans le cas où un contrôleur est placé à un poste, c'est lui qui poinçonne le carton de contrôle des concurrents qui se présentent au poste.

Les classements et les résultats

Les résultats de tous les coureurs sont affichés dans l'heure qui suit leur arrivée, même pour les concurrents « non classés ».
Un concurrent qui termine son parcours en respectant les présentes règles est classé. S'il ne termine pas son parcours, ou enfreint involontairement les présentes règles, il est « non classé ».
Un concurrent qui enfreint volontairement les présentes règles ou qui commet une faute grave contre la loyauté sportive est disqualifié par le jury.

Les réclamations

Les réclamations concernant les résultats affichés peuvent être formulées oralement auprès de l'organisateur jusqu'à l'heure de fermeture des parcours.
Les réclamations concernant une discordance entre le résultat affiché et la liste des résultats expédiée aux clubs après la course doivent être adressées à l'organisateur qui les soumet à l'organisme de tutelle (FFCO pour les compétitions nationales et les Championnats de France, les ligues pour les compétitions interrégionales et régionales).
Une erreur de l'organisation qui fausse l'équité de la compétition pour un coureur ne peut en aucun cas entraîner, comme réparation, une compensation de temps pour ce coureur. Toutefois, l'organisateur doit rembourser les frais d'inscriptions au coureur en question.
L'annulation de l'ensemble des résultats d'une catégorie peut être prononcée par le jury technique sur réclamation d'un coureur si un fait exceptionnel a faussé l'équité de la course pour cette catégorie. Si le fait est une erreur due à l'organisateur, celui-ci doit rembourser les frais d'inscriptions à tous les coureurs de la catégorie. Lorsque la course entraîne l'attribution d'un titre ou une sélection, une solution de remplacement doit être proposée par l'organisateur.
Dans le cas de la disparition d'un poste de contrôle en cours d'épreuve, le jury décide de la validité ou non de l'épreuve.

Le jury

Lors de chaque épreuve le contrôleur de la course doit désigner un jury connaissant le règlement sportif. Ce dernier ne statuera que sur des réclamations écrites concernant des irrégularités survenues ou commises avant ou durant la course.
Tout jugement, concernant un manquement aux règles de course ou à la sportivité, peut entraîner la « disqualification » d'un ou de plusieurs concurrents ou l'annulation d'une catégorie. La FFCO est informée de toutes disqualifications prononcées par le jury. La décision du jury est souveraine.

La course d'orientation à VTT

Le développement de la course d'orientation à VTT résulte tout naturellement de l'essor exceptionnel du VTT depuis plusieurs années. La course d'orienta-

De la simple découverte à la compétition, il n'y a qu'un pas que de nombreux pratiquants ont franchi (Ph. DR)

tion à VTT est désormais reconnue officiellement par la fédération, et la France est l'un des pays leader de ce nouveau sport. Cette discipline propose à ses adeptes un calendrier complet regroupant Challenge national et Championnats de France de mars à novembre 1997.
Lors d'une compétition, les différentes vitesses de progression à VTT selon les itinéraires empruntés sont prises en compte afin que le choix d'itinéraire soit l'élément déterminant. La zone d'évolution offre donc un réseau assez dense de chemins « roulables ».
L'essor du VTT a naturellement favorisé le développement de la course d'orientation à VTT. L'engouement ne cesse de croître, et les vététites, munis d'une carte et d'une boussole fixée au guidon, parcourent chemins et sentiers dans le cadre des rencontres amicales et des compétitions.
En novembre 1997 se déroulera une rencontre importante en région Aquitaine. Appelée Match international, cette compétition rassemblera plus de 150 vététistes venus de 10 nations. Ils s'affronteront sur des parcours très sélectifs pour des épreuves de relais et de course individuelle.

Règlement spécifique au VTT

• Dans une épreuve à VTT les concurrents peuvent être amenés à se déplacer à pied, mais dans ce cas ils doivent garder avec eux leur vélo.

• Comme pour les courses pédestres et à ski, dans aucun cas un concurrent ne doit ramasser les confettis qui sont placés au pied de chaque poste de contrôle pour marquer son emplacement au cas où il viendrait à disparaître.

• Une tenue couvrant toutes les parties du corps peut être imposée par l'organisateur.

• Il est formellement interdit de rouler à vélo en dehors des routes.

• Le port d'un casque rigide attaché est obligatoire pendant toute la durée de l'épreuve.

• Le coureur ne doit avoir recours à aucune aide extérieure pour réparer son équipement durant l'épreuve mais il peut emporter avec lui une trousse de réparation.

• Le coureur doit respecter le code de la route.

• Dans les parcs de réparation le coureur peut déposer tout le matériel nécessaire à la réparation. Toutefois, il n'a droit qu'à un seul changement complet de vélo.

La carte

Pour la pratique à VTT un format utile maximum de 30 x 30 cm est recommandé pour permettre une manipulation optimale de la carte par le concurrent. Pour la course à VTT, la représentation des chemins sur la carte doit donner une indication de leur « roulabilité ».
La carte peut être :
– soit une réalisation spécifique ;
– soit une carte de course d'orientation pédestre. Si la représentation des chemins ne donne pas une indication correcte de la « roulabilité », une surcharge de couleur doit être ajoutée en fonction de la vitesse possible de déplacement.

Postes de contrôle

Pour la pratique à ski ou à VTT, les postes de contrôle sont placés sur des pistes ou des chemins de telle sorte que le concurrent peut accéder facilement avec son matériel au dispositif de marquage de son carton de contrôle.
Le poste de contrôle est composé d'une toile orange (PS 165) et blanche réglementaire, de son numéro de code et d'un nombre suffisant de dispositifs identiques de marquage des cartons de contrôle.
Des confettis en papier biodégradable sont placés près de chaque poste afin de marquer son emplacement dans l'éventualité où le poste viendrait à disparaître durant l'épreuve.
Lors d'une course à VTT, un parc fermé, interdit au public, doit être mis à la disposition des coureurs pour réparer leur vélo. Aucun outil n'est fourni par l'organisateur.
L'heure de fermeture des parcours est fixée par l'organisateur.

Carton de contrôle

Lors des courses à VTT, le carton de contrôle doit rester solidaire du vélo. Le transfert du carton, suite à un changement de vélo ne peut se faire que sous le contrôle de l'organisateur.

La CO à ski

La CO à ski consiste à effectuer un parcours d'orientation à ski. Lors d'une compétition, les différentes vitesses de progression à ski selon les itinéraires empruntés sont prises en compte afin que le choix d'itinéraire soit l'élément déterminant. La zone d'évolution doit donc offrir un réseau aussi dense que possible de pistes skiables.
Apprécié par les compétiteurs de ski nordique, qui trouvent là un complément passionnant à la pratique traditionnelle, le ski de fond-orientation, très populaire en Scandinavie, est encore confidentiel en France.

Règlement spécifique au ski d'orientation

• Dans une épreuve à ski, les concurrents peuvent être amenés à se déplacer à pied, mais dans ce cas ils doivent garder avec eux leur équipement de ski.

• En aucun cas un concurrent ne doit ramasser les confettis qui sont placés au pied de chaque poste de contrôle pour marquer son emplacement au cas où il viendrait à disparaître.

• Lors de courses à ski, le skieur ne doit avoir recours à aucune aide extérieure pour farter ses skis ou réparer son équipement durant l'épreuve mais il peut porter sur lui une trousse de réparation et de fartage.

La carte

Pour la pratique à ski, un format utile maximum de 30 x 30 cm est recommandé pour permettre une manipulation optimale de la carte par le concurrent.
Pour la course à ski la représentation des pistes sur la carte doit donner une indication de leur « skiabilité ». La carte peut être :
– soit une réalisation spécifique ;
– soit une carte de course d'orientation pédestre. Une surcharge de couleur verte doit être ajoutée aux chemins en fonction de la vitesse possible de déplacement. Les pistes de ski qui ne sont pas sur des chemins sont tracées directement en couleur verte.

Les postes de contrôle

Pour la pratique à ski les postes de contrôle sont placés sur des pistes ou des chemins de telle sorte que le concurrent peut accéder facilement avec son matériel au dispositif de marquage de son carton de contrôle.
Le poste de contrôle est composé d'une toile orange (PS 165) et blanche réglementaire, de son numéro de code et d'un nombre suffisant de dispositifs identiques de marquage des cartons de contrôle (voir dessin p. 151).
Des confettis en papier biodégradable sont placés près de chaque poste afin de marquer son emplacement dans l'éventualité où le poste viendrait à disparaître durant l'épreuve.

Le dopage

Tout comme le CIO (Comité international olympique), nous sommes convaincu que « le dopage contrevient à l'éthique du sport et de la science médicale ». Le but de ce chapitre n'est pas de dénoncer ce phénomène grandissant chez les sportifs, mais de dresser un constat pratique, utile pour l'athlète qui voudrait accéder à la compétition. Outre la liste des produits interdits, nous vous indiquons ci-après les risques encourus en cas d'utilisation et les procédures du contrôle antidopage.

Liste indicative des spécialités pharmaceutiques françaises contenant des produits dopants

La liste des substances et procédés dopants a été définie par l'arrêté ministériel du 7 octobre 1994 relatif aux substances et procédés mentionnés à l'article 1er de la loi du 28 juin 1989.
Il est ainsi défini 8 catégories de substances dopantes :
– les amphétamines et autres excitants (liste CIO : stimulants) ;
– les stupéfiants antidouleurs et autres antidouleurs (liste CIO : analgésiques, narcotiques) ;
– la cortisone et autres corticoïdes par voie générale (liste CIO : corticostéroïdes) ;
– la testostérone et autres anabolisants (liste CIO : agents anabolisants 1) stéroïdes androgènes, 2) bêta 2-agonistes) ;
– les hormones peptidiques (liste CIO : hormones peptidiques et glycoprotéiniques analogues) ;
– les diurétiques et autres produits masquants (liste CIO : diurétiques) ;
– les bêtabloquants (liste CIO : bêtabloquants) ;
– les anesthésiques locaux (liste CIO : anesthésiques locaux).
Cet arrêté, qui constitue un texte de référence au niveau national, permet en collaboration avec l'Agence du médicament de réaliser une liste indicative de spécialités pharmaceutiques françaises contenant des substances dopantes ou pouvant positiver un contrôle antidopage.
La liste de ces produits interdits est réactualisée tous les ans, ce qui permet de limiter le risque d'omission dû principalement à l'évolution du marché pharmaceutique.
Pour les compétitions internationales, l'IOF (Fédération internationale de course d'orientation) a sa propre réglementation antidopage. Un groupe de travail IOF a été formé en 1995 pour l'harmoniser avec la réglementation antidopage du CIO.

Le contrôle antidopage

Les ministères et les fédérations sont les seuls à pouvoir faire effectuer des contrôles avant, après ou pendant les compétitions.
Des médecins agréés, ayant une formation spécifique, sont chargés de procé-

der à des prélèvements sur les sportifs, de façon ponctuelle. Ils sont accompagnés d'un délégué fédéral et munis d'un ordre de mission.
Le choix des athlètes à contrôler est fait en général soit par tirage au sort, soit en fonction de leur classement, soit par désignation, soit lorsqu'il y a un doute sur l'aspect physique ou l'attitude de l'athlète.
Le sportif qui sera soumis à ce contrôle, recevra une convocation personnelle qu'il devra contresigner, et il devra se présenter au contrôle dans l'heure qui suit ladite notification. En aucun cas il ne pourra s'y soustraire, faute de quoi il sera sanctionné comme un sportif convaincu de dopage.
Le contrôle consiste à faire faire des prélèvements d'urine permettant la vérification de la présence de substances interdites par la loi.
Pour effectuer ces contrôles les organisateurs doivent prévoir un local adapté, la fourniture de boissons aux sportifs contrôlés afin de procéder à des prélèvements rapides, et un matériel stérile, scellé, fourni par le laboratoire national de dépistage du dopage qui procédera aux analyses de ces urines dans le plus strict anonymat. Chaque prélèvement sera fait au moyen de deux flacons portant un numéro de code, en présence obligatoirement du médecin agréé dans le but d'éviter toute tricherie. Ces deux échantillons d'urine seront enfermés dans des boîtes scellées à l'aide de clips numérotés.
Un des échantillons sera analysé, le second sera conservé pour une éventuelle contre-expertise.
Au préalable, un entretien avec le médecin contrôleur est prévu, et le sportif doit, dans son intérêt, lui indiquer tous les médicaments qu'il prend ou a pris récemment afin, en cas de résultat positif, de pouvoir justifier d'une obligation thérapeutique éventuelle. Un procès-verbal est établi par le médecin en présence du sportif qui en connaîtra la teneur, vérifiera le scellement des deux flacons dans leur boîte et co-signera ledit procès-verbal avec le médecin. Il en recevra un exemplaire.
Les résultats sont envoyés confidentiellement au président de la fédération, au ministère et à la commission nationale de lutte contre le dopage.

En cas d'analyse positive

Lorsque le résultat des analyses d'un sportif est positif, celui-ci en est informé et a la possibilité de demander une contre-expertise. Une instruction est ouverte où il est convoqué et entendu. Des sanctions disciplinaires et sportives sont prononcées contre lui en cas de vérification de dopage positif, allant de la suspension à l'interdiction définitive de la pratique du sport, voire même au paiement d'amendes en dehors des frais inhérents à la commission de discipline.

CTRCO
M. CHARLES Jacques
03.80.33.65.32
Fax 03.80.33 63.44

Les clubs affiliés à la FFCO

Les ligues

Ligue Alsace

Gilles Baguerey
7, rue des Champs
68350 Didenheim
Tél. : 03 89 06 03 54
ou 03 89 60 51 43
Fax : 03 89 42 83 89

Ligue Aquitaine

107, av. Marcel-Dassault
Route de Martignas
33700 Mérignac
Tél. : 05 56 34 47 48
Fax : 05 58 34 47 73

Ligue Basse-Normandie

Jean-Marie Foubert
29, rue Desgenettes
61000 Alençon
Tél. : 02 33 26 76 75
et 02 33 32 06 15

Ligue Bourgogne

Gérard Venon
8, square du Patis
21160 Perrigny-lès-Dijon
Tél. : 03 80 52 31 74
Fax : 03 80 59 99 08

Ligue Bretagne

Gabriel Even
46, rue Valaise
22350 Caulnes
Tél. : 02 96 83 96 77
et 02 96 83 92 68

Ligue Centre

Jean-Pierre Le Bihan
7, allée des Charmilles
37300 Joué-Les-Tours
Tél./fax : 02 47 53 10 54

Ligue Champagne-Ardennes

René Dubois
Centre la Méridienne
36, rue de la Cerisaie
51100 Reims
Tél. : 03 26 82 47 37
Fax : 03 26 58 13 03

Ligue Côte d'Azur

Georges Deli
Maison départementale
des Sports
La Rode
83000 Toulon
Tél./fax : 04 94 08 17 84
ou 04 94 36 13 14

Ligue Franche-Comté

Alain Ruaud
25640 Braillans
Tél. : 03 81 57 94 00

Ligue Île-de-France

Marie-Pierre Hermet
29, allée des Aubépines
77210 Avon
Tél. : 01 60 72 01 08

Ligue Languedoc-Roussillon

Espace République
20, rue de la République
34000 Montpellier
Tél. : 04 67 22 94 08
Fax : 04 67 79 06 61

Ligue Lorraine

Maison des Sports
13, rue Jean-Moulin
54510 Tomblaine
Tél. : 03 83 44 04 18
ou 03 83 90 56 28
Fax : 03 83 90 28 42

Ligue Midi-Pyrénées

Pierre-Emmanuel Delforge
21, rue Courbet
82000 Montauban
Tél. : 05 63 91 93 87
Fax : 05 63 91 93 18

Ligue Pays de Loire

Jean-Marc Launay
Les Feltières
53240 Saint-Germain-le-Fouilloux
Tél. : 02 43 01 16 13
Fax : 02 43 66 42 96

Ligue Picardie

Michel Formentel
4, rue Chantraine
02800 Mayot
Tél. : 03 23 56 23 34

Ligue Poitou-Charentes

Dominique Malatray
Les Olliveaux
17460 Préguillac
Tél./fax : 05 46 74 32 26

Ligue Provence

Gérard Mathian
15, lieu-dit « La Rouvière »
13124 Peypin
Tél./fax : 04 42 82 71 82

Ligue Rhône-Alpes

Odette Paret
N° 3, Les Gouttets
42410 Pelussin
Tél. : 04 74 87 62 75
Fax : 04 74 87 66 67

Les comités départementaux et les clubs

01. AIN

Comité départemental

Didier Mille
Parc de la Ceriseraie
01500 Ambérieu-en-Bugey
Tél. : 04 74 46 82 10

Clubs

CSA de la base aérienne 278
Bertrand Vieillefosse
5, rue Molière
01000 Bourg-en-Bresse
Tél. : 04 74 21 63 42
ou 04 74 38 21 52

Club d'orientation de Chalamont
Éliane Augagneur
Bublanne
01320 Châtillon-la-Palud
Tél. : 04 74 35 65 68

Club d'orientation du Bugey
Hervé Levêque
01260 Ruffieu
Tél. : 04 79 87 73 57
Fax : 04 79 87 73 65

02. AISNE

Comité départemental

Michel Georges
7, rue Croix-Saint-Claude
02590 Savy
Tél./fax : 03 23 68 80 98

Clubs

Aventure Raid Orientation
Daniel Soveaux
20, rue de la Gare
02240 Séry-les-Mézières
Tél. : 03 23 66 71 92
Fax : 03 23 66 76 28

Vervins Orientation
Michel Allonsius
8, les Ninelles
02140 Thenailles
Tél. : 03 23 98 30 60
ou 03 24 42 97 81
Fax : 03 24 40 42 28

04. ALPES DE HAUTE-PROVENCE

Clubs

Balise 04
Daniel André
39, av. de la Durance
04200 Sisteron
Tél. : 04 92 61 00 92

Union sportive de Seyne et de la Blanche – Thalweg 04
André Collomb
Le Val Fleuri
04460 Selonnet
Tél. : 04 92 35 06 15

05. ALPES (HAUTES)

Clubs

CS du 159e régiment d'infanterie alpine
Robert Monschein
Centre national d'aguerrissement en montagne
05104 Briançon Cedex
Tél. : 04 92 21 22 42 poste 757
ou 04 92 20 56 23
Fax : 04 92 20 50 62

Orient'Alp
Pierre Bernard
Les Hauts de Puymaure
05000 Gap
Tél. : 04 76 27 12 72
ou 04 76 20 89 31

06. ALPES-MARITIMES

Comité départemental
Olivier Benevello
23, Vieux Chemin de Gairaut
Le Rubis D
06100 Nice
Tél. : 04 93 52 65 80
ou 04 92 94 28 19

Clubs

Club de course d'orientation Mandelieu-la-Napoule
Gérard Rasquin
La Roseraie – E
837, av. Janvier-Passero
06210 Mandelieu
Tél. : 04 92 97 93 90

Sophia Antipolis Orientation
Olivier Benevello
23, Vieux Chemin de Gairaut
Le Rubis D
06100 Nice
Tél. : 04 93 52 65 80
ou 04 92 94 28 19

Montagne Azur Club de loisirs - Association Nature
Daniel Longère
183, chemin les Cabanes
Blétonnières
Route de Nice
06790 Aspremont
Tél. : 04 93 08 30 62
ou portable 06 07 95 06 07
ou 04 93 92 43 50

Mougins Sports d'orientation
Marcel Ponroy
9, rue Cais-de-Gilette
06300 Nice
Tél. : 04 93 89 45 56

08. ARDENNES

Clubs

Orientation sportive de Charleville-Mézières
Albert Seguinot
7, rue des Rescapés
08700 Nouzonville
Tél. : 03 24 54 24 86

GEA Revin
Philippe Pay
26, rue Jean-Moulin
08500 Revin
Tél. : 03 24 40 22 48
ou 03 24 41 85 46

10. AUBE

Club

VTT Troyes Valdreux
Patrick Epiretti
11, rue Trouvassot
10000 Troyes
Tél. : 03 25 74 74 08
ou 03 25 74 67 36

11. AUDE

Club

3e régiment de parachutistes d'infanterie de marine
Bruno Saïd
7, rue Jean-Sébastien-Bach
11012 Carcassonne
Tél. : 04 68 71 26 55
ou 04 68 77 47 48
Fax : 04 68 77 47 23

12. AVEYRON

Comité départemental

Alain Viguier
25, rue Alibert
12200 Villefranche-de-Rouergue
Tél. : 05 65 45 10 78

Clubs

Villefranche-de-Rouergue Orientation
Alain Viguier
25, rue Alibert
12200 Villefranche-de-Rouergue
Tél. : 05 65 45 10 78

Tous Azimuts
Jean-François Malet
12, rue des Aubépines
12850 Onet-le-Château
Tél. : 05 65 42 38 80

13. BOUCHES-DU-RHÔNE

Comité départemental

Cathy Keller
115, traverse Montcault
13013 Marseille
Tél. : 04 91 98 08 12

Clubs

CSL Centre d'instruction armée blindée et cavalerie
François Pouget
11e RC-CIABC
13968 Carpiagne Armées
Tél. : 04 42 73 32 40
Fax : 04 42 73 33 79

CSL du lycée militaire d'Aix-en-Provence
Jack Rogne
Service des Sports
BP 2
13898 Aix-en-Provence Armées
Tél. : 04 42 17 12 36
Fax : 04 42 17 12 20

Marseille Course Orientation
Jacques Keller
115, Traverse Montcault
13013 Marseille
Tél. : 04 91 98 08 12

CSA de la garnison de Tarascon
Hervé Ozo
Avenue Charles-de-Gaulle
13150 Boulbon
Tél. : 04 90 43 97 37
ou 04 90 91 62 80
Fax : 04 90 91 41 73

Athletic Club aurélien
Colette Jouve
Résidence « Les Ombrages » - Entrée 2
28, rue Jules-Ferry
13120 Gardanne
Tél. : 04 42 51 11 70
ou 04 42 52 52 04

Venelles Plein Air Montagne
Bertrand Peluso
Parc Berlioz - Bât. A
Avenue Marcel-Pagnol
13090 Aix-en-Provence
Tél. : 04 42 95 22 45
Fax : 04 42 25 32 62

14. CALVADOS

Comité départemental

Laurent Compère
4, résidence Saint-Gerbold
Rue Constant-Forget
14000 Caen
Tél./fax : 02 31 73 85 07

Club

Orientation caennaise
Laurent Compère
4, résidence Saint-Gerbold
Rue Constant-Forget
14000 Caen
Tél./fax : 02 31 73 85 07

16. CHARENTES

Comité départemental

Joël Bourrinet
La Grauge
16380 Souffrignac
Tél. : 05 45 70 71 17

Club

Club de course d'orientation Feuillade
Jean-Claude Domenici
Le Plantier
16410 Torsac
Tél./fax : 05 45 24 53 05

17. CHARENTE-MARITIME

Club

Association sportive tremblaise de course d'orientation
Dominique Malatray
Les Olliveaux
17460 Préguillac
Tél./fax : 05 46 74 32 26

18. CHER

Comité départemental

Jean-Pierre Miremende
14, rue Yves-du-Manoir
18520 Avord
Tél. : 02 48 69 25 52
ou 02 48 69 13 05
poste 86211

Club

CSA de la base aérienne 702
Jean-Pierre Miremende
14, rue Yves-du-Manoir
18520 Avord
Tél. : 02 48 69 25 52
ou 02 48 69 13 05
poste 86211

19. CORRÈZE

Club

CSC du centre d'instruction des gendarmes auxiliaires – Tulle
Thierry Vinsonneau
Cellule EPS. Caserne
La Bachellène
19012 Tulle
Tél. : 05 55 21 79 06
Fax : 05 55 21 79 05

21. CÔTE D'OR

Comité départemental

Jean-David Lalevée
25, allée de la Cude
21370 Velars-sur-Ouche
Tél. : 03 80 33 66 31
Fax (mairie) : 03 80 33 69 99

Clubs

Association bourguignonne de course d'orientation
Guy Varin
16 C, rue des Rétisseys
21240 Talant
Tél. : 03 80 56 21 80

Velars Orientation Randonnée
Jean-David Lalevée
6A, chemin de la Falaise
21370 Velars-sur-Ouche
Tél. : 03 80 26 06 04

Association de découverte et d'orientation de Chenôve
Christian Vuillet
6, impasse Général-Chaillot
21000 Dijon
Tél. : 03 80 41 06 34

Talant Sport Orientation
Philippe Minard
29, rue Lafayette
21000 Dijon
Tél. : 03 80 72 14 66

Association sportive de Quétigny
Daniel Papillon
30, rue Saint-Fiacre
21800 Quétigny
Tél. : 03 80 46 54 18
ou 03 80 40 63 92

22. CÔTES D'ARMOR

Comité départemental

Michel Nicolas
LEGTA
6, rue du Porhoët
22230 Merdrignac
Tél. : 02 96 26 52 74
ou 02 96 28 41 12
Fax : 02 96 28 42 84

Clubs

Club d'orientation de Caulnes
Gabriel Even
46, rue Valaise
22350 Caulnes
Tél. : 02 96 83 96 77
ou 02 96 83 92 68

Saint-Brieuc Athlétique Club
Daniel Gastard
33, rue de la Ville-Bedel
22190 Plérin
Tél./fax : 02 96 74 49 79

24. DORDOGNE

Comité départemental

Christian Escudie
Les Quatre-Routes
Appt. n° 332
24110 Saint-Astier
Tél. : 05 53 54 07 84
ou 05 53 09 72 00
poste 1705

Club

CSA de Saint-Astier Bergerac
Christian Escudie
Les Quatre Routes
Appt. 332
24110 Saint-Astier
Tél. : 05 53 54 07 84
ou 05 53 09 72 00
poste 1705

25. DOUBS

Comité départemental

Jacques Amiot
7, rue de Loisy
25000 Besançon
Tél. : 03 81 52 71 48
Fax : 03 81 52 28 97

Clubs

Club alpin français de Besançon
Guy Bercot
14, rue Luc-Breton
25000 Besançon
Tél. : 03 81 81 02 77

Club d'orientation comtois
Jacques Amiot
7, rue de Loisy
25000 Besançon
Tél. : 03 81 52 71 48
Fax : 03 81 52 28 97

Balise 25
Valérie Pourre
12, cité Parc des Chaprais
25000 Besançon
Tél. : 03 81 48 07 75

Azimut Nord
André Géry
La Félie
25770 Franois
Tél. : 03 81 59 04 90
ou 03 81 86 20 10

Haut-Doubs Orientation
Marie Armbruster
Rue de l'Église
25160 Malbuisson
Tél. : 03 81 69 33 55

Club Orientation et Randonnée de Rougemont
Raymond Delerce
6F, rue des Jardins
25000 Besançon
Tél. : 03 81 80 68 38
ou 03 81 86 00 43

26. DRÔME

Clubs

CSA du 45e régiment de transmission
Hervé Batista
11, place Galilée
Le Petit Froment
26200 Montélimar
Tél. : 04 75 01 60 22
ou 04 75 00 24 16

Club alpin français de Romans
Denise Manguero
6, impasse des Marguerites
26540 Mours-Saint-Eusèbe
Tél. : 04 75 72 00 81
ou 04 75 02 15 90

Valence Sports Orientation
Philippe Bourseaux
Les Romières
26120 Barcelonne
Tél. : 04 75 59 20 81
Fax : 04 75 59 12 56

27. EURE

Club

Loisir Orientation Union pierrelattine
Gérard Coupat
Cousignac
27220 Saint-Montan
Tél. : 04 75 54 47 98

29. FINISTÈRE

Club

Club d'orientation argolien et de topographie en Armor
Marie-Thérèse Le Fouest
Le Penker-Huella
29560 Telgruc-sur-mer
Tél. : 02 98 27 32 49

30. GARD

Comité départemental

Bernard Quignon
119, RN 86
30210 Saint-Bonnet-du-Gard
Tél. : 04 66 37 41 26

Club

CSA du 2e régiment étranger d'infanterie
Officier des Sports
Quartier Vallongues
30998 Nîmes Armées
Tél. : 04 66 02 34 07
Fax : 04 66 02 34 09

31. GARONNE (HAUTE)

Clubs

Blagnac Orientation
Stéphane Ruffio
36, route de Saint-Pierre
Lapeyrouse-Fossat
31180 Castelmaurou
Tél. : 05 61 09 40 28

Toulouse Université Club
Nicolas Giganto
126, rue Saint-Roch
Appt. n° 19
31400 Toulouse
Tél. : 05 61 33 16 08
ou 05 61 52 15 23
Fax : 05 62 62 26 27

32. GERS

Comité départemental

Jacques Lesponne
Chemin de Bistanflûte
32550 Pavie
Tél./fax : 05 62 05 57 02
ou 05 62 61 43 74
(tél. personnel)

Clubs

Auch Orientation
Michel Combe
En Boubée
32810 Roquelaure
Tél. : 05 62 65 51 35

Fleurance Loisir Orientation Club
Jean-Louis Blein
Au Couvent
32120 Monfort
Tél./fax : 05 62 06 81 43

33. GIRONDE

Comité départemental

Bernard Martineau
63, rue Delord
33300 Bordeaux
Tél. : 05 56 39 62 81

Clubs

ASPTT de Bordeaux
Robert Guichot
3, rue des Acacias
33240 Saint-Gervais
Tél. : 05 57 43 50 03
Fax : 05 57 43 03 15

Sport athlétique de Gazinet-Cestas
Monique Dubroca
19, allée de la Sanguine
33610 Cestas
Tél. : 05 56 78 25 18
Fax : 05 56 78 18 05

Association sportive de Martignas
Alain Beaubois
8, allée des Saules
33127 Martignas-sur-Jalle
Tél. : 05 56 21 40 34

Association sportive de l'Entre-deux-mers Sports d'orientation
Francette Aurouze
12, rue Guy-de-Maupassant
33160 Saint-Médard-en-Jalle
Tél. : 05 56 05 81 48

34. HÉRAULT

Comité départemental

Pierre Lhoste
11, rue du Bel-Air
34770 Gigean
Tél./fax : 04 67 78 69 16

Clubs

CSC de l'École d'application de l'infanterie
Pierre Lhoste
11, rue du Bel-Air
34770 Gigean
Tél./fax : 04 67 78 69 16

Montpellier Sports d'orientation
Henry-Pierre Prat
3, impasse des Hauts-du-Sablas
34170 Castelnau-le-Lez
Tél. : 04 67 79 06 61

35. ILLE-ET-VILAINE

Comité départemental

Jean-Michel Conan
25, allée de Finlande
35200 Rennes
Tél. : 02 99 32 28 11

Clubs

Club rennais de course d'orientation
Michel Serinet
21, bd de Verdun
35000 Rennes
Tél./fax : 02 99 33 07 72

Club fougerais de course d'orientation
Joël Delalande
7, chemin de la République
35133 Lecousse
Tél./fax : 02 99 94 18 05

37. INDRE-ET-LOIRE

Comité départemental

Jean-Louis Filet
3, mail David-d'Angers
37000 Tours
Tél. : 02 47 37 64 94
ou 02 47 77 28 66

Clubs

CSA de l'École d'application du train
Jean-Louis Filet
3, mail David-d'Angers
37000 Tours
Tél./fax : 02 47 37 64 94
ou 02 47 77 28 66

Course d'orientation Tours Sud
Alain Matton
5, rue de Chanteloup
37300 Joue-les-Tours
Tél. : 02 47 67 55 88
ou 02 47 53 63 23 (tél./fax)

L'Orienteur jocondien
Jean-Pierre Le Bihan
7, allée des Charmilles
37300 Joue-les-Tours
Tél./fax : 02 47 53 10 54
ou 02 47 60 46 02

38. ISÈRE

Comité départemental

Pierre Garcia
La Chanteraie
28, allée des Sauvres
38640 Claix
Tél. : 04 76 98 30 43
ou 04 76 76 20 84

Clubs

CSA de Reynies
Marc Sinibaldi
241, chemin de Pouliot
38660 Lumbin
Tél. : 04 76 08 20 15

La Fraternelle de Bourgoin-Jallieu
Fabrice Collinse
4, rue du Lans
38080 L'Isle d'Abeau
Tél. : 04 74 27 60 48
ou 04 74 93 35 38
Fax : 04 74 43 84 32

Union sportive de Saint-Égrève
Jean-Pierre Verdier
137, rue des Alliès
38100 Grenoble
Tél. : 04 76 21 12 14
ou 04 76 33 45 74
Fax : 04 76 40 46 82

39. JURA

Clubs

Foyer de ski de fond et de randonnée
Alain Garde
39260 Les Crozets
Tél./fax : 03 84 44 87 33

Randonnée, Raid et Orientation du Haut-Jura
Roland Favre
Le Bras de Lajoux
39310 Lajoux
Tél./fax : 03 84 60 31 59

Club d'orientation de Lons
Claude Feuvrier
59, rue Louis Pergaud
39000 Lons-le-Saulnier
Tél. : 03 84 24 13 49
ou 03 84 43 10 19

40. LANDES

Comité départemental

Michel Parzych
Bât. 11 Nord
Quartier Maridor
40027 Mont-de-Marsan
Tél. : 05 58 75 46 66
poste 2571

Clubs

ASPTT de Dax
Bernard Lagoidet
Résidence d'Auribat
40100 Dax
Tél. : 05 58 74 31 16
ou 05 58 74 18 70

Club Maridor
Michel Parzych
Bât. 11 Nord
Quartier Maridor
40027 Mont-de-Marsan
Tél. : 05 58 75 46 66
poste 2571
ou 05 58 75 46 66
poste 2071

Borne 118 – ASAC
Michel Zimmermann
3, lotissement communal
40090 Canenx-et-Réaut
Tél. : 05 58 51 64 24
ou 05 58 75 84 85
poste 81213

La Boussole mimizanaise
Jean-Claude Laberiote
4, chemin des Champs
40200 Mimizan
Tél./fax : 05 58 09 14 73

Biscarosse olympique Nature Orientation
Gérard Lecourt
Larrat
2230, route de Langeot
40460 Sanguinet
Tél. : 05 58 78 61 52
ou 05 56 68 82 10
Fax : 05 56 68 82 99

42. LOIRE

Comité départemental

André Merllie
20, rue Charles-de-Gaulle
42000 Saint-Étienne
Tél. : 04 77 32 95 85
Fax : 04 77 41 94 66

Clubs

Nature Orientation Saint-Étienne
Bernard Magne
13, bd des Mineurs
42100 Saint-Étienne
Tél. : 04 77 38 63 39
ou 04 77 48 41 60

Orient'Express 42
Odette Paret
N° 3, Les Gouttets
42410 Pelussin
Tél. : 04 74 87 62 75
ou 04 74 87 66 67

Boussole en forez
Pierre Levêque
24, rue Colette
42170 Saint-Just-Saint-Rambert
Tél. : 04 77 52 03 20

44. LOIRE-ATLANTIQUE

Comité départemental

Luc Friou
11, rue Jean-Bernard
44220 Coueron
Tél. : 02 40 86 43 30

Clubs

Association des sous-officiers de réserve de Nantes
BP 20921
44009 Nantes Cedex 1
Tél. : 02 40 40 73 46

Association sportive de course d'orientation
Éric Rivoal
526, La Vigne-aux-Roses
85000 La Roche-sur-Yon
Tél./fax : 02 51 46 25 45

45. LOIRET

Comité départemental

Roland Dubois
39, rue Creuse
45650 Saint-Jean-le-Blanc
Tél. : 02 38 56 44 12

Clubs

Orientation Club orléanais
Marie-Hélène Pary
34, rue Coquille
45000 Orléans
Tél. : 02 38 53 54 29

Association sportive de course d'orientation d'Orléans
Roland Dubois
39, rue Creuse
45650 Saint-Jean-le-Blanc
Tél. : 02 38 56 44 12

46. LOT

Club

Figeac Nature Orientation
Philippe Bailly
Saint-Georges
46100 Figeac
Tél. : 05 65 34 16 12

47. LOT-ET-GARONNE

Comité départemental

Bernard Merlet
33 bis, route de Nérac
47520 Le Passage
Tél. : 05 53 98 33 63

Clubs

Association de course d'orientation du Passage et de l'Agenais
Philippe Vinot
15, Les Hauts de Garonne
47520 Le Passage
Tél. : 05 53 96 90 19

Nature, Orientation, Randonnée, Détente
Frédéric Jordan
Rue Garros
47170 Mezin
Tél. : 05 53 97 20 81

48. LOZÈRE

Comité départemental

Jean-Claude Bajac-Leyantou
1, rue des Hermes
Lotissement Fontanilles
48000 Mende
Tél. : 04 66 49 31 75

49. MAINE-ET-LOIRE

Club

CSA de l'École d'application du Génie
Michel Villet
23, rue Marguerite-Yourcenar
49000 Angers
Tél. : 02 41 66 65 24
ou 02 41 24 82 56

51. MARNE

Comité départemental

Bernadette Dumont-Gosset
6, rue de l'Égalité
51530 Cuis
Tél. : 03 26 51 82 05

Clubs

Épernay Nature et Sport
Vincent Faihy
4, rue de la République
51530 Magenta
Tél. : 03 26 51 03 06
ou 03 26 51 19 44
Fax : 03 26 54 63 97

Boursault Nature Orientation
Stéphane Dubois
« Les Bleuets », Appt. 829
51300 Vitry-le-François

CSA de la garnison de Suippes
Bernard Pichol
43, route de Bussy
51600 Suippes
Tél. : 03 26 70 12 44
ou 03 26 69 37 99 poste 620

CSA de la garnison de Mourmelon
Guy Taillandier
29, rue des Pressoirs
51430 Bezannes
Tél. : 03 26 36 24 67

COGEIN - Animation Sillery Orientation
Jean-Claude Basson
1, rue de la Fosse aux Cloches
51500 Puissieulx
Tél. : 03 26 49 12 93

52. MARNE (HAUTE)

Mr HASSMANN

Club

CSA de l'École des sous-officiers de gendarmerie
Gilles Brayer
3, av. du 109e R.I. Bât. 102
52014 Chaumont
Tél. : 03 25 03 72 68
ou 03 25 30 78 78
- Poste 7727

53. MAYENNE

Club

Orientation 53
Étienne Hameau
16, rue Jules-Amaudrut
53000 Laval
Tél. : 02 43 56 42 99
ou 02 43 49 88 07

54. MEURTHE-ET-MOSELLE

Comité départemental

Maurice Aubry
44 bis, rue Paul-Bert
54520 Laxou
Tél. : 03 83 27 97 78
ou 03 83 22 15 73
Fax : 03 83 22 14 78

Clubs

Ski Club des amis du plein air
Marie-Jeanne Lionnet
162, rue MacMahon
54000 Nancy
Tél. : 03 83 36 72 22
ou 03 83 39 68 15
Fax : 03 83 32 73 81

CSA de la garnison de Luneville
Jocelyne Lemercier
4, rue du Maréchal-Juin
54300 Luneville
Tél. : 03 83 73 44 94

Club alpin français de Nancy
5, rue Saint-Julien
54000 Nancy
Tél. : 03 83 32 37 73

Club Orientation de Piennes
Michel Nelis
19, rue Nahan
54490 Piennes
Tél. : 03 82 21 91 17

55. MEUSE

Club

CACS du 151ᵉ régiment d'infanterie
Abdelkader Kenane
6, rue de Douaumont
55430 Belleville-sur-Meuse
Tél. : 03 29 84 52 82

56. MORBIHAN

Comité départemental

Guy Renard
7, rue du Village
56100 Lorient
Tél. : 02 97 83 16 82
Fax : 02 97 87 93 95

Clubs

ASA des écoles de Coetquidan
Michel Thorner
DEPS - Écoles de Coetquidan
56381 Guer Cedex
Tél. : 02 97 73 56 10

Nature, Éducation, Sport des pays de Lorient
Éric Charles
102 bis, rue Sainte-Anne
56270 Ploemeur
Tél. : 02 97 86 00 41

Association de développement Sport et Culture de Cléguerec
Robert Audic
Kerisouet
56300 Malguenac
Tél. : 02 97 27 34 14

57. MOSELLE

Comité départemental

Jacques Duval
38, rue du Général-de-Gaulle
57140 Woippy
Tél. : 03 87 32 22 05

Clubs

CSA de la garnison de Metz
Philippe Masson
25, allée des Acacias
57050 Ban-Saint-Martin
Tél. : 03 87 30 32 28
ou 03 87 52 20 11
poste 2827

Tout Azimut Fameck
Jacques Dirringer
198, av. Jeanne-d'Arc
57290 Fameck
Tél. : 03 82 58 64 96

Club sportif de Picardie
Olivier Dugast
Quartier Rabier
Service des sports
57400 Sarrebourg
Tél./fax : 03 87 25 76 95

CSA de la garnison de Thionville
Jean Bonastre
40ᵉ régiment de transmission
BP 70328
57126 Thionville Cedex
Tél. : 03 82 51 34 65
ou 03 82 88 27 21
Fax : 03 82 88 27 06

SSA de Saarburg
Patrick Carteau
SP 69318
00655 Armées
Tél. : 00 49 65 81 72 56
ou 00 49 65 81 83 22 17

58. NIÈVRE

Club

Nièvre Orientation Raid Découverte
Pierre Valentin
33, rue du Mont Victoire
58000 Nevers
Tél. : 03 86 59 58 63

59. NORD

Club

Évasion Nord
Hervé Duc
63/2, allée de la Basoche
Appt. n° 295
59650 Villeneuve d'Ascq
Tél. : 03 20 61 12 59
ou 0 601 212 207
(Tam-Tam)

60. OISE

Comité départemental

Jean-Luc Demoisson
18, rue du Courtillet
60150 Machemont
Tél. : 03 44 76 07 47
ou 03 44 63 82 99 poste 378
Fax : 03 44 63 82 94

Clubs

Club othenin
Bertrand Paturet
7, rue Jean-Mermoz
60150 Thourotte
Tél. : 03 44 76 64 69
ou 03 44 38 21 31
Fax : 03 44 38 20 18

CSAL du 41ᵉ régiment de transmission
Jean-Luc Demoisson
18, rue du Courtillet
60150 Machemont-Thourotte
Tél. : 03 44 76 07 47
ou 03 44 63 82 99 poste 256
Fax : 03 44 63 82 94

63. PUY-DE-DÔME

Club

CSA de l'École nationale technique des sous-officiers d'active
Philippe Beaudeux
Quartier de Bange CAPMS
63500 Issoire
Tél. : 04 73 55 63 66
ou 04 73 55 63 71

64. PYRÉNÉES-ATLANTIQUES

Comité départemental

Jean-Pierre Labrousse
21, rue Alan-Seeger
64200 Biarritz
Tél. : 05 59 23 01 95
Fax : 05 59 23 07 15

Clubs

Saint-Jean-de-Luz – Ciboure Athlétisme
Jean-Pierre Labrousse
21, rue Alan-Seeger
64200 Biarritz
Tél. : 05 59 23 01 95
Fax : 05 59 23 07 15

Club d'orientation, d'oxygénation et de loisirs
Francis Garros
64160 Ouillon
Tél. : 05 59 33 01 98

66. PYRÉNÉES-ORIENTALES

Comité départemental

Richard Martinez
21, rue Delalande
66300 Villemolaque
Tél. : 04 68 37 53 75

Clubs

Club d'orientation Tautavel Espoir 66
Richard Martinez
21, rue Delalande
66300 Villemolaque
Tél. : 04 68 37 53 75

Altitude Horizon 66
Jean-Michel Roumanie
13, rue du Professeur-Trombe
66120 Font-Romeu
Tél. : 04 68 30 25 40

Orient' Passion 66
Yannick Tétard
4, rue Alexandre-Ribot
66000 Perpignan
Tél. : 04 68 66 07 30

CSA CNEC de Mont-Louis
Gilles Goret
La Citadelle
Cellule SAF
66210 Mont-Louis
Tél. : 04 68 30 85 86
Fax : 04 68 04 11 42

67. RHIN (BAS)

Comité départemental

Christian Bottemer
12, rue du Docteur-Netter
67200 Strasbourg
Tél. : 03 88 28 95 51
Fax : 03 88 76 01 60

Clubs

Club d'orientation de Strasbourg
Christiane Plumère
5, rue du Faucon
67200 Strasbourg
Tél. : 03 88 28 40 78

Club d'orientation Estienne
Patrick Santamaria
20, rue Yvan Goll
67200 Strasbourg
Tél. : 03 88 30 97 96
ou 03 88 06 83 34
Fax : 03 88 06 82 95

Association des sports d'orientation du pays d'Erstein
Bernard Mortellier
13, rue Adrian
67150 Erstein
Tél. : 03 88 98 95 88

68. RHIN (HAUT)

Comité départemental

Jean-Marie Schreiber
39, Grand-Rue
68230 Turckheim
Tél. : 03 89 27 12 93

Clubs

Club d'orientation de Mulhouse
Gilles Baguerey
7, rue des Champs
68350 Didenheim
Tél. : 03 89 06 03 54
ou 03 89 60 51 43

Club d'orientation de Colmar
André Mertz
9, rue Pfeffel
68000 Colmar
Tél./fax : 03 89 41 39 46

CSA de la base aérienne 132
Bernard Riault
5, rue du Général-Gruss
68190 Ensisheim
Tél. : 03 89 81 03 76

Club d'orientation Buhl et Florival
Chantal Érieau
8, rue Amélie Zurcher
68360 Soultz
Tél. : 03 89 74 13 36

69. RHÔNE

Comité départemental

Laurent Bonora
128, rue Boileau
69006 Lyon
Tél. : 04 78 24 39 88

Clubs

Amicale laïque de course d'orientation de Saint-Priest
Gilles More
27, rue Garibaldi
69800 Saint-Priest
Tél. : 04 78 21 75 38

Club culturel et sportif de Pommiers
Robert Bastard
Le Côteau
69480 Pommiers
Tél. : 04 74 68 51 95
ou 04 72 69 06 30
Fax : 04 72 69 06 50

Club des sports de montagne de Rillieux-la-Pape
Jean-François Dechavanne
32, av. du Général-Leclerc
69140 Rillieux
Tél. : 04 78 88 39 29

70. SAÔNE (HAUTE)

Comité départemental

Jacquy Dorge
18, rue Lamartine
70800 Saint-Loup-sur-Semouse
Tél. : 03 84 49 03 75

Club

Club d'orientation luxovien
Jacquy Dorge
18, rue Lamartine
70800 Saint-Loup-sur-Semouse
Tél. : 03 84 49 03 75

CSA de la garnison de Montbéliard
Jean-Denis Benoît
17, rue de l'École
70400 Héricourt
Tél. : 03 84 56 78 16

71. SAÔNE-ET-LOIRE

Clubs

CSL du lycée militaire d'Autun
Roger Barthel
15B – La Barre
Route du Bois de Sapin
71400 Autun
Tél. : 03 85 52 07 22
ou 03 85 86 55 99 poste 534
Fax : 03 85 86 55 62

Châlon Orientation Loisirs
Denis Sanson
8, rue des Ruiliers
71590 Gercy
Tél. : 03 85 91 72 55

72. SARTHE

Club

Club sportif et éducatif du Prytanée
Nadine Lambert
Prytanée national militaire
Quartier Henri-IV
Secrétariat PC
72208 La Flèche
Tél. : 02 43 94 03 96
poste 705
Fax : 02 43 94 32 21

73. SAVOIE

Club

CSA du 7e bataillon de chasseurs alpins
Christophe Simond
83, allée Mayet
73700 Bourg-Saint-Maurice
Tél. : 04 79 07 18 28
ou 04 79 07 61 21

74. SAVOIE (HAUTE)

Comité départemental

Michel Denaix
188, route des Combes
74400 Chamonix
Tél. : 04 50 53 49 04

Clubs

CSA du 27e bataillon de chasseurs alpins
Jean-Jacques Haegelin
Quartier Tom-Morel
BP 27
74962 Cran-Gevrier Cedex
Tél. : 04 50 52 05 76
poste 827

CS de l'École militaire de haute montagne
Jacques Moisset
400, route du Lac
74310 Les Houches
Tél. : 04 50 47 20 57

Annecy Sports Orientation
Dominique Fleurent
5, rue Paul-Cabaud
74000 Annecy
Tél. : 04 50 67 36 12
ou 04 50 57 42 10
Fax : 04 50 46 02 49

75. PARIS (SEINE)

Comité départemental

Michel Huet
6/8, av. de Verdun
93140 Bondy
Tél. : 01 45 82 58 63

Clubs

CSA de la Défense nationale
Gérard Turcq
78 bis, av. du Commandant-Brasseur
93600 Aulnay-sous-Bois
Tél. : 01 48 66 91 59
ou 01 42 19 62 54
Fax : 01 42 19 68 45

Paris Orientsport
Serge Pons
27, rue du Javelot
Tour Londres
75013 Paris
Tél. : 01 45 82 11 93

Aventure et Tradition
Céline Corbin
2, rue Tournus
75015 Paris
Tél. : 01 45 77 28 28

77. SEINE-ET-MARNE

Comité départemental
Éric Vannier
298, rue du Pressoir
77350 Le Mée-sur-Seine
Tél. : 01 64 39 11 51

Clubs

CS de l'École interarmées des sports
Étienne Rousser
46, rue de la Cloche A2
77300 Fontainebleau
Tél. : 01 64 22 64 37
ou 01 60 71 73 82
Fax : 01 60 71 73 55

CSL de la gendarmerie de Melun
Clovis Michaux
Quartier Lemaître
54, route de Corbeil
77022 Melun
Tél. : 01 60 68 34 02
ou 01 64 39 42 62

ASPTT Fontainebleau-Avon
Jean-Pierre Taillandier
1, rue des Hirondelles
77300 Fontainebleau
Tél. : 01 60 72 00 18
ou 01 64 14 76 67

Orientation plein air de Montigny-sur-Loing
Franck Rigaux
28, rue Renée-Montgermont
77690 Montigny-sur-Loing
Tél. : 01 64 78 37 19

Union sportive melunaise
Hubert Crespin
Maison des sportifs
64, quai Joffre
77000 Melun
Tél./fax : 01 64 37 36 35
ou 01 64 80 20 90

Association sportive samoisienne
André Hermet
29, allée des Aubépines
77210 Avon
Tél. : 01 60 72 01 08

Balise 77 Fontainebleau-Avon
Michel Jacques
7, bd Thiers
77300 Fontainebleau
Tél. : 01 64 23 49 29

78. YVELINES

Club

Lycée militaire de Saint-Cyr-l'École
Jean-Marie Bilquez
2, av. Jean-Jaurès
BP 101
78211 Saint-Cyr-l'École Cedex
Tél. : 01 30 88 77 88
ou 01 30 85 88 60
Fax : 01 30 85 88 78

79. DEUX-SÈVRES

Club

CSA club récréatif de l'École nationale des sous-officiers d'active
79404 Saint-Maixent-l'École Cedex
Tél. : 05 49 76 82 99 poste 227
Fax : 05 49 76 82 26

81. TARN

Clubs

CSA 8e régiment de parachutistes d'infanterie de marine
Patrick Abdallah
4, chemin d'En Couyoulet
31250 Revel
Tél. : 05 61 83 82 61
ou 05 63 62 55 36
Fax : 05 63 62 55 77

Albi Orientation Club
Christian Segonne
Le Bourg
81110 Saint-Amancet
Tél. : 05 63 74 13 45
Fax : 05 63 74 18 15

82. TARN-ET-GARONNE

Comité départemental

Vincent Moresmau
6, rue de l'Abbé-Mercadier
82000 Montauban
Tél. : 05 63 63 96 84

Club

Montauban Loisirs Orientation
Pierre Roch
1, rue Beauport
82000 Montauban
Tél. : 05 63 63 89 25

83. VAR

Comité départemental

Maison départementale des Sports
La Rode
83000 Toulon
Tél. : 04 94 08 17 84

Clubs

Draguignan Course d'orientation
René Bon
734, av. de Montferrat
Lotissement Bain
83300 Draguignan
Tél. : 04 94 67 25 06

ASPTT de Toulon
Alain Denaix
Complexe sportif Robert-Veyssière
Vieux Chemin de Sainte-Musse
83100 Toulon
Tél. : 04 94 20 95 95
Fax : 04 94 20 95 99

Pradet Orientation Loisirs et Sport
Françoise Deli
Clos « Les Rainettes »
83220 Le Pradet
Tél./fax : 04 94 08 17 84

Sport Nature
Jean-Luc Amand
Service des sports
Région maritime Méditerranée
83800 Toulon Naval
Tél. : 04 94 02 17 82
Fax : 04 94 02 15 83

Association municipale des sports et loisirs de Fréjus
Jean-Jacques Hurstemans
Stade des Chênes
355, av. de l'Europe
83600 Fréjus
Tél. : 04 94 40 18 42
ou 04 94 51 55 39
Fax : 04 94 17 32 52

Bandol Chlorophile VTT
Roger Dietrich
Les Sagnarelles 3
27, allée Brin-de-Jonc
83500 La Seyne
Tél. : 04 94 87 54 09

84. VAUCLUSE

Comité départemental

Claudy Nowak
39, rue Auguste-Chabaud
84000 Avignon
Tél. : 04 90 87 46 69

Clubs

CSA de P. Villeflayoux
Maurice Mathieu
Lotissement Plavignal
Route de Bonnieux
84400 Apt
Tél. : 04 90 74 01 76

Club Avignon Sport Loisirs
Pascal Audinet
65, bd Jules-Ferry
84000 Avignon
Tél. : 04 90 85 22 58
Fax : 04 90 27 34 67

85. VENDÉE

Club

Le Flamboyant
Joël Verneuil
1, rue de la Grange
85370 Mouzeuil-Saint-Martin
Tél. : 02 51 28 73 28
ou 02 51 53 46 37
Fax : 02 51 53 46 66

86. VIENNE

Clubs

CSAC de l'École des sous-officiers de gendarmerie
Didier Trihan
19, quai des Martyrs
86100 Châtellerault
Tél. : 05 49 23 05 05
ou 05 49 02 44 00 poste 342
Fax : 05 49 02 44 07

Pédaler, marcher, s'orienter
Philippe Merlier
17, av. du Maréchal-Juin
86100 Châtellerault
Tél. : 05 49 85 38 82
Portable : 06 09 81 44 83
Fax : 05 49 85 94 95

87. VIENNE (HAUTE)

Club

CSA de la garnison de Limoges
Bernard Boyer

4, rue Armand-Dutreix
87350 Panazol
Tél. : 05 55 30 33 99
ou 05 41 93 31 87

88. VOSGES

Comité départemental

Daniel Blanchard
35, rue Haute
88400 Gérardmer
Tél. : 03 29 60 81 34

Clubs

Amicale laïque de Charmes
Chantal Maillard
179, rue Rainfeld
88130 Chamagne
Tél. : 03 29 38 02 15

Loisir Orientation Sanchey
Évelyne Villière
6, route des Vosges
88390 Sanchey
Tél. : 03 29 35 30 05

Hautes Vosges Orientation
Gabriel Mougel
53, rue du Brûleux
88250 La Bresse
Tél. : 03 29 25 44 70

CSA du 18e régiment de transmission
Philippe Labouyrie
16, rue Charles-Perrault
88000 Épinal
Tél. : 03 29 69 83 42

89. YONNE

Club

Club sportif et artistique « Les Cadets d'Auxerre »
Didier Hassmann
Section EPS
CIGA d'Auxerre
89027 Auxerre Cedex
Tél. : 03 88 42 71 15
ou 03 88 53 55 99
poste 5108
Fax : 03 86 53 55 95

90. TERRITOIRE DE BELFORT

Clubs

CSA As de trèfle
Joël Fort
Quartier Maud'huy
90016 Belfort Cedex
Tél. : 03 84 58 42 07

Club d'activités nordique d'orientation belfortain
François Coulon
13, rue du Comte-de-la-Suze
90000 Belfort
Tél. : 03 84 28 08 85

91. ESSONNE

Comité départemental

René Ferrage
19, rue Saint-Exupéry
91580 Étrechy
Tél. : 01 60 80 39 62

Clubs

CSA de l'Hurepoix
Guy Cabane
CDT 00217
BPB - BA 217
91224 Brétigny-sur-Orge Cedex
Tél. : 01 60 84 95 60
poste 72147
ou 01 60 84 95 60
poste 72329
Fax : 01 60 84 53 92

Club Orientation Loisir d'Étrechy
René Ferrage
19, rue Saint-Exupéry
91580 Étrechy
Tél. : 01 60 80 39 62
ou 01 42 92 22 40

SNECMA Sports Corbeil
Christian Mathelier
7 bis, rue Saint-Vincent
91310 Linas
Tél. : 01 69 01 34 98
ou 01 69 87 88 26

92. HAUTS-DE-SEINE

Club

CSA « Rathelot 80 »
Didier Groshens
CC 208
80, rue Rouget-de-Lisle
92014 Nanterre Cedex
Tél. : 01 47 25 23 45

93. SEINE-SAINT-DENIS

Comité départemental

Daniel Prost
72, bd Jean-Jaurès
93190 Livry-Gargan
Tél. : 01 43 88 47 94

Club

Coordination culturelle et sportive
Daniel Prost
72, bd Jean-Jaurès
93190 Livry-Gargan
Tél. : 01 43 88 47 94

95. VAL D'OISE

Comité départemental

Michel Bousquet
17, bd Jacques-Copeau
95200 Sarcelles
Tél. : 01 34 19 75 94

Clubs

Athletic Club de Beauchamp
Paul Chinchole
3, rue de Plante
95100 Argenteuil
Tél. : 01 39 81 70 86

Maison des Jeunes et de la Culture de Sarcelles
Michel Bousquet
17, bd Jacques-Copeau
95200 Sarcelles
Tél. : 01 34 19 75 94

98. NOUVELLE-CALÉDONIE

Club

Convergence
Ariel Llambrich
34, rue Gabriel-Laroque
Val Plaisance
98800 Nouméa
Tél. : 00 687 28 44 46
ou 00 687 26 17 17
Fax : 00 687 26 17 27

AUTRES

Club

SSA de Baden-Villingen
Bruno Amorich
SP 69484
00603 Armées
Tél. : 00 49 7721 55203 ou
00 49 7721 81414
Fax : 00 49 7721 53271

ANNEXES

Les définitions de poste

Dans une course d'orientation, les concurrents de toutes les nations et de toutes les langues doivent pouvoir comprendre les descriptions des postes de contrôles sans équivoque et sans le problème de traduction.

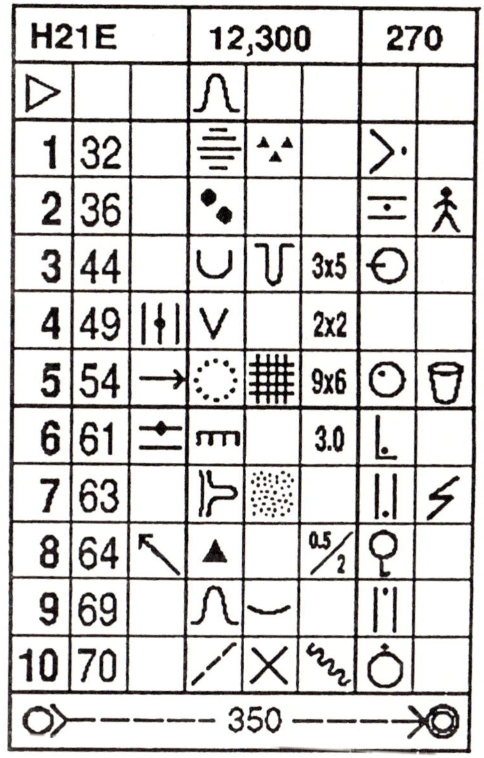

Les informations les plus importantes sont placées à la droite des traits les plus épais (cf. tableau en bas)

Descriptions des contrôles
A – Numéro de poste
B – Code du contrôle
C – Lequel des éléments caractéristiques dans le cercle
D – Élément caractéristique du poste
E – Détail d'aspect
F – Dimensions de l'élément caractéristique ou combinaisons
G – Localisation de la balise
H – Informations diverses

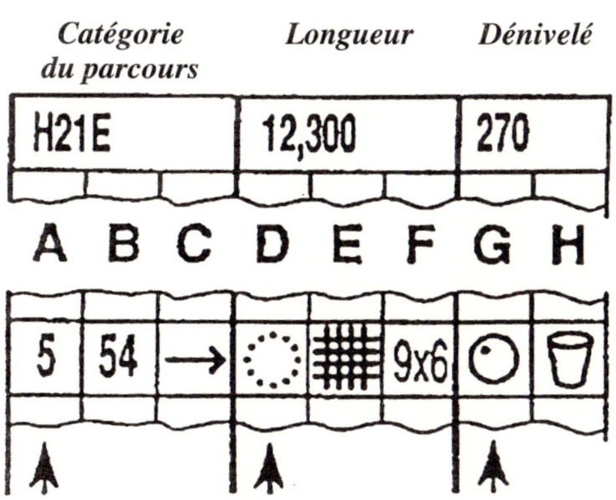

Parcours balisé (en mètres)

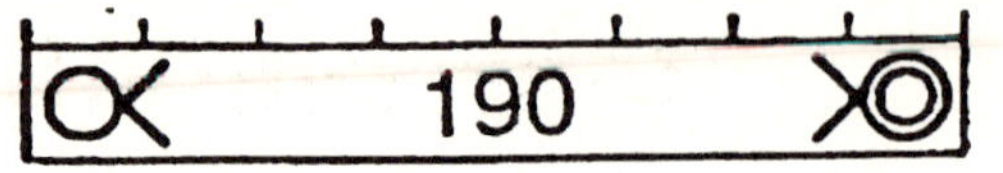

Trajet non balisé

Balisage convergent

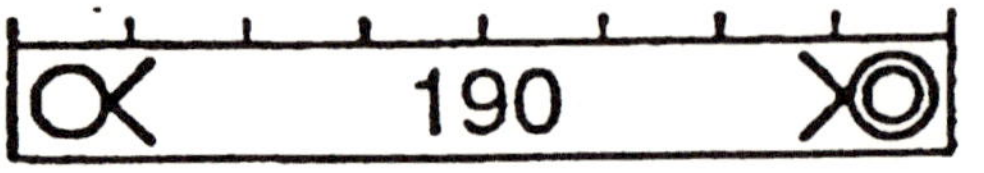

Trajet entièrement balisé

Représentations symboliques des caractéristiques du terrain en course d'orientation

	*Lac, angle est*
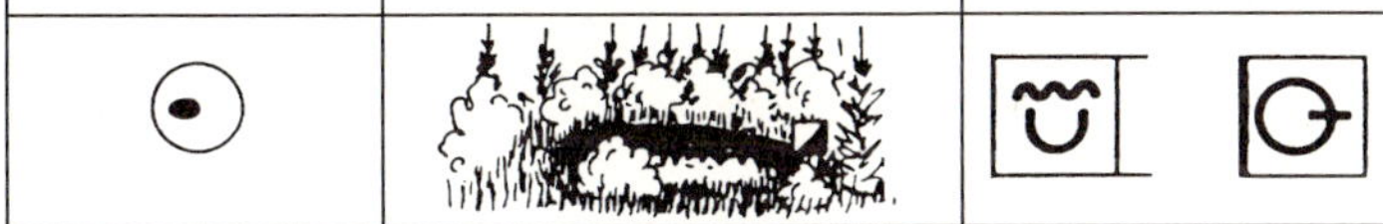	*Mare, bord est*
	*Trou d'eau, bord est*
	*Coude du ruisseau*
	*Coude sud du ruisseau*
	*Jonction des ruisseaux*
	*Extrémité du fossé*
	*Coude du fossé*
	*Coude nord du fossé*
	*Jonction des fossés*

	*Intersection des fossés*
	*Marais, partie nord-ouest*
	*Marais, pointe sud*
	*Marais angle est*
	*Entre les marais*
	*Petit marais*
	*Terrain ferme dans le marais pointe nord-ouest*
	*Fontaine, côté est*
	*Source, bord ouest*
	*Champ, angle SE*
	*Champ sablonneux, bord ouest*
	*Champ couvert de végétation, bord est*
	*Talus raide, pied*
	*Carrière*

	*Carrière, bord est*
	*Carrière, partie est*
	*Levé de terre, pied est*
	*Terrasse*
	*Terrasse, partie ouest*
	*Éperon*
	*Arête, partie amont*
	*Rentrant*
	*Rentrant, partie amont*
	*Rentrant évasé*
	*Rentrant est*
	*Ravin, partie aval*
	*Fossé sec, extrémité*
	*Colline, sur la colline*

	*Entre colline et butte*
	*Colline, partie nord-ouest*
	*Butte*
	*Butte, pied est*
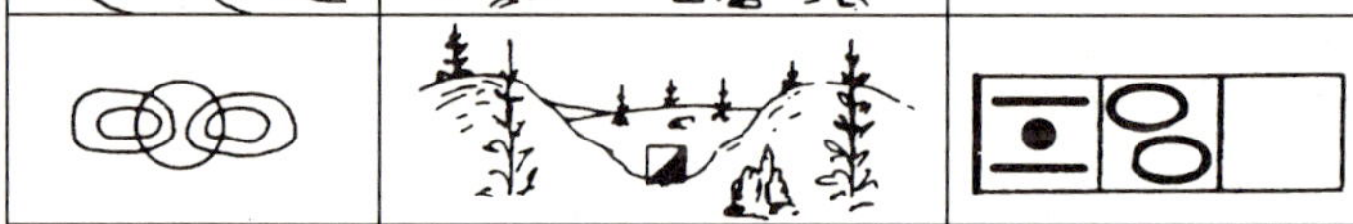	*Entre les collines*
	*Col, passage*
	*Dépression*
	*Dépression, partie est*
	*Petite dépression bord est*
	*Trou, bord ouest*
	*Falaise, pied*
	*Falaise, pied, partie nord*
	*Falaise ouest, pied*
	*Falaise ouest, pied*

	*Falaise, sur la falaise*
	*Sur falaise, partie sud*
	*Entre les falaises*
	*Coude ouest du sentier*
	*Jonction des sentiers*
	*Croisement du sentier*
	*Croisement du sentier et du mur*
	*Croisement du mur et du ruisseau*
	*Croisement du sentier et du ruisseau*
	*Croisement du chemin et du fossé*
	*Coude du layon*
	*Mur, coin est*
	*Extrémité du mur*
	*Clôture, coin sud*

	*Poste d'observation*
	*Mangeoire, côté ouest*
	*Aiguille rocailleuse, pied sud*
	*Arbre individuel, essence feuille*
	*Pierre à sel*
	*Souche, côté est*
	*Borne, côté est*
	*Charbonnière*
	*Fourmilière, côté sud*
	*Terrain accidenté, bord sud*
	*Affleurement rocheux*
	*Affleurement rocheux, partie ouest*
	*Caverne*
	*Rocher, côté ouest*

	*Entre les rochers*
	*Rocher est, côté est*
	*Rocher, 0,5/3 m, côté ouest*
	*Zone rocheuse, bord sud-est*
	*Pierrier, bord nord*
	*Tas de pierre, pied est*
	*Corne de forêt, angle sud*
	*Clairière*
	*Fourré bord est*
	*Zone d'abattis, angle ouest*
	*Bosquet, pointe ouest*
	*Limite de végétation, pointe est*
	*Extrémité du sentier*
	*Jonction du chemin*

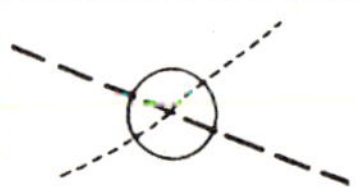			*Intersection du chemin et du sentier*
		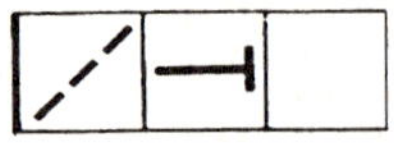	*Extrémité du sentier*
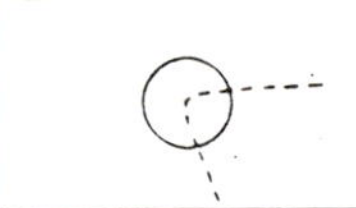			*Coude du sentier*
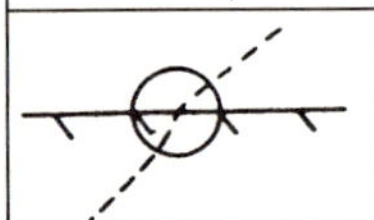			*Croisement du chemin et de la clôture*
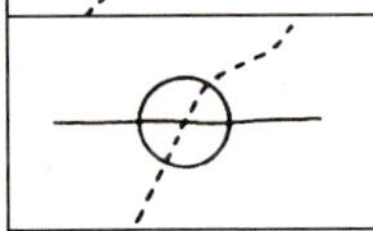			*Pont, côté nord*
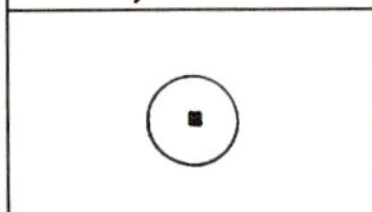			*Construction, côté est*
			*Ruine, côté ouest*
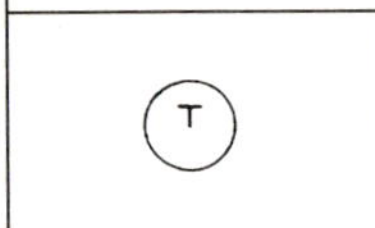			*Tour, pied sud*

Corrigés des exercices du cahier couleur

FICHE 2

A = 1 ; B = 5 ; C = 6 ; D = 2 ; E = 3 ; F = 4 ; G = 8 ; H = 7.

FICHE 3

1 – Butte
2 – Route forestière
3 – Lac
4 – Végétation basse
5 – Ruine
6 – Barrière rocheuse infranchissable
7 – Cours d'eau franchissable
8 – Bâtiment
9 – Passerelle
10 – Grotte
11 – Route
12 – Clôture infranchissable
13 – Forêt marécageuse
14 – Chemin
15 – Déboisé
16 – Marais ouvert
17 – Courbe intermédiaire
18 – Source
19 – Courbe maîtresse
20 – Végétation haute, course ralentie
21 – Limite de végétation précise
22 – Charbonnière
23 – Fossé humide
24 – Petite dépression
25 – Semi-ouvert
26 – Lande
27 – Borne
28 – Trou d'eau
29 – Végétation basse
30 – Végétation, course impossible
31 – Affût de chasse
32 – Trou
33 – Ligne électrique
34 – Particularité planimétrique
35 – Falaise franchissable
36 – Mur
37 – Terrain découvert (culture)
38 – Abrupt de terre
39 – Limite de végétation précise

FICHE 4

A = 5 ; B = 3 ; C = 2 ; D = 6 ; E = 1 ; F = 4.

Nota : équidistance = 5 mètres

10	20	15	20	12,5	25	28	50	17	36	30	28	20	25	15	3

A = 3 ; B = 1 ; C = 6 ; D = 7 ; E = 4 ; F = 8 ; G = 2 ; H = 5.

FICHE 5

	↘	↗	↗↘	↘↗
1	X			
2			X	
3		X		
4	X			
5			X	
6			X	
7	X			
8				X
9		X		
10				X
11		X		
12	X			
13			X	
14		X		
15	X			
16			X	
17		X		
18		X		
19			X	
20			X	
21		X		
22		X		
23	X			
24			X	
25	X			
26		X		
27				X
28			X	

FICHE 6

1/5 000			
Δ - A	75 m	F - G	75 m
A - B	30 m	H - 4	110 m
B - 1	45 m	I - J	40 m
1 - C	55 m	K - L	80 m
D - E	50 m	L - 5	60 m
F - 2	20 m	5 - ◎	40 m

1/10 000			
Δ - A	185 m	F - 3	60 m
A - 1	200 m	F - G	190 m
1 - B	90 m	G - H	300 m
C - D	90 m	I - J	100 m
E - 2	120 m	K - 5	40 m
E - F	150 m	5 - L	150 m

1/15 000		1/20 000	
Δ - 1	375 m	Δ - 1	520 m
1 - 2	165 m	1 - 2	420 m
2 - 3	570 m	2 - 3	920 m
3 - 4	555 m	3 - 4	1 000 m
4 - 5	630 m	4 - 5	400 m
5 - ◎	135 m	5 - ◎	360 m

FICHE 7

1	=	SE ;
2	=	SE ;
3	=	S ;
4	=	O ;
5	=	SSE ;
6	=	N ;
7	=	NNE ;
8	=	ESE ;
9	=	SSO ;
10	=	E ;
11	=	S ;
12	=	O ;
13	=	NNO ;
14	=	NNE ;
15	=	NO.

1- 2	=	N ;
2- 3	=	SO ;
3- 4	=	E ;
4- 5	=	NO ;
5- 6	=	NE ;
6- 7	=	E ;
7- 8	=	S ;
8- 9	=	O
9-10	=	SE.

FICHE 8

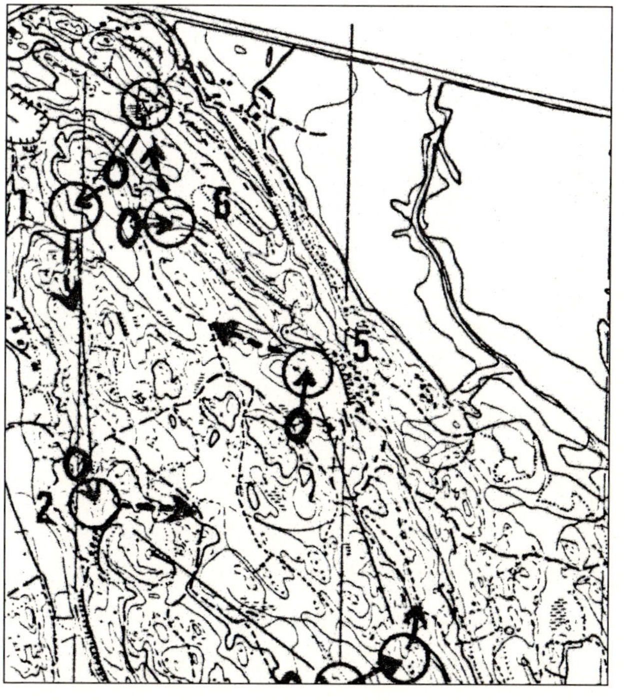

FICHE 9

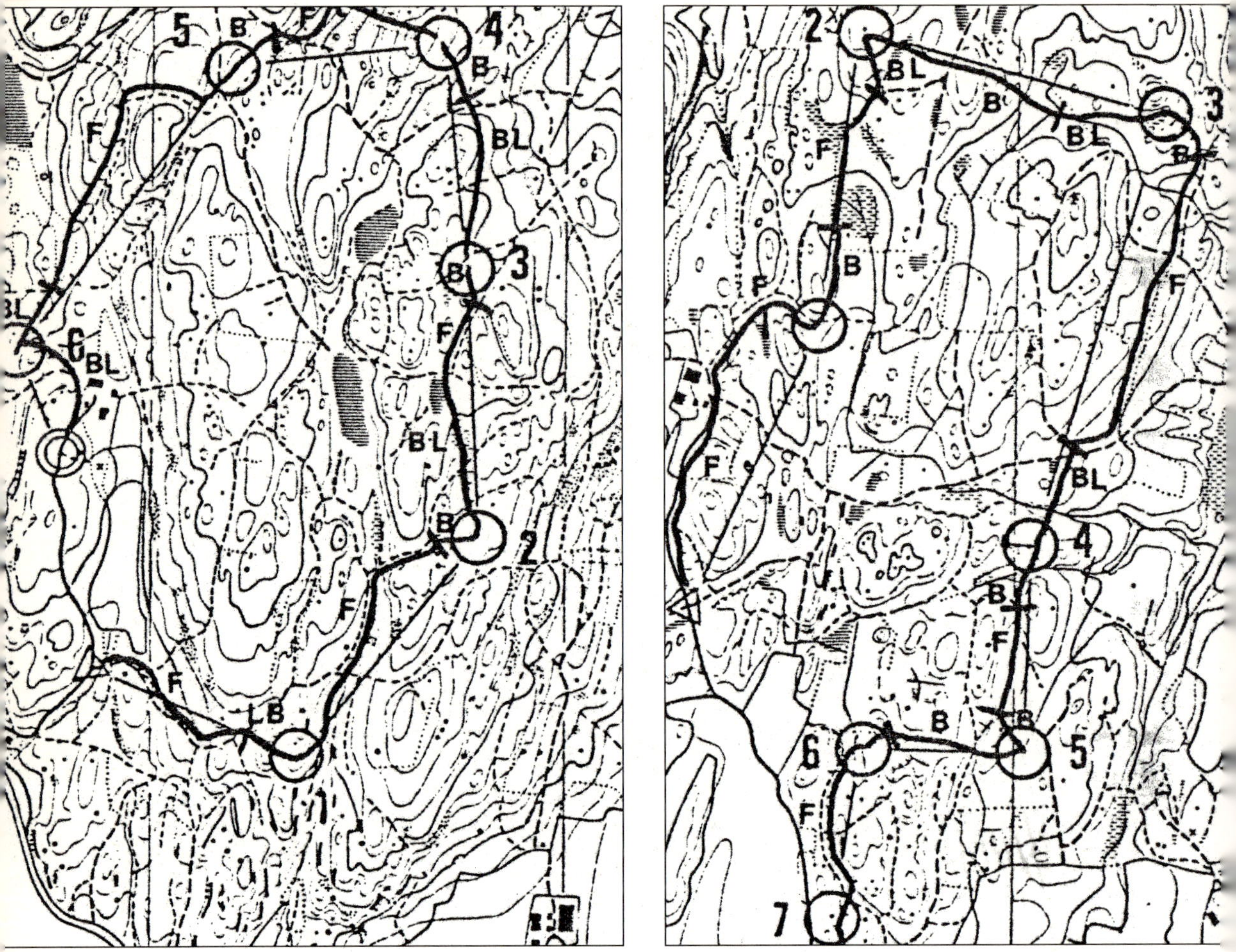

FICHE 10

1 = A ;
2 = B ;
3 = C ;
4 = C ;
5 = B ;
6 = B ;
7 = B ;
8 = B ;
9 = A ;
10 = A ;
11 = B ;
12 = A ;
13 = B ;
14 = A ;
15 = A ;
16 = C ;
17 = B ;
18 = B ;
19 = A.

FICHE 11

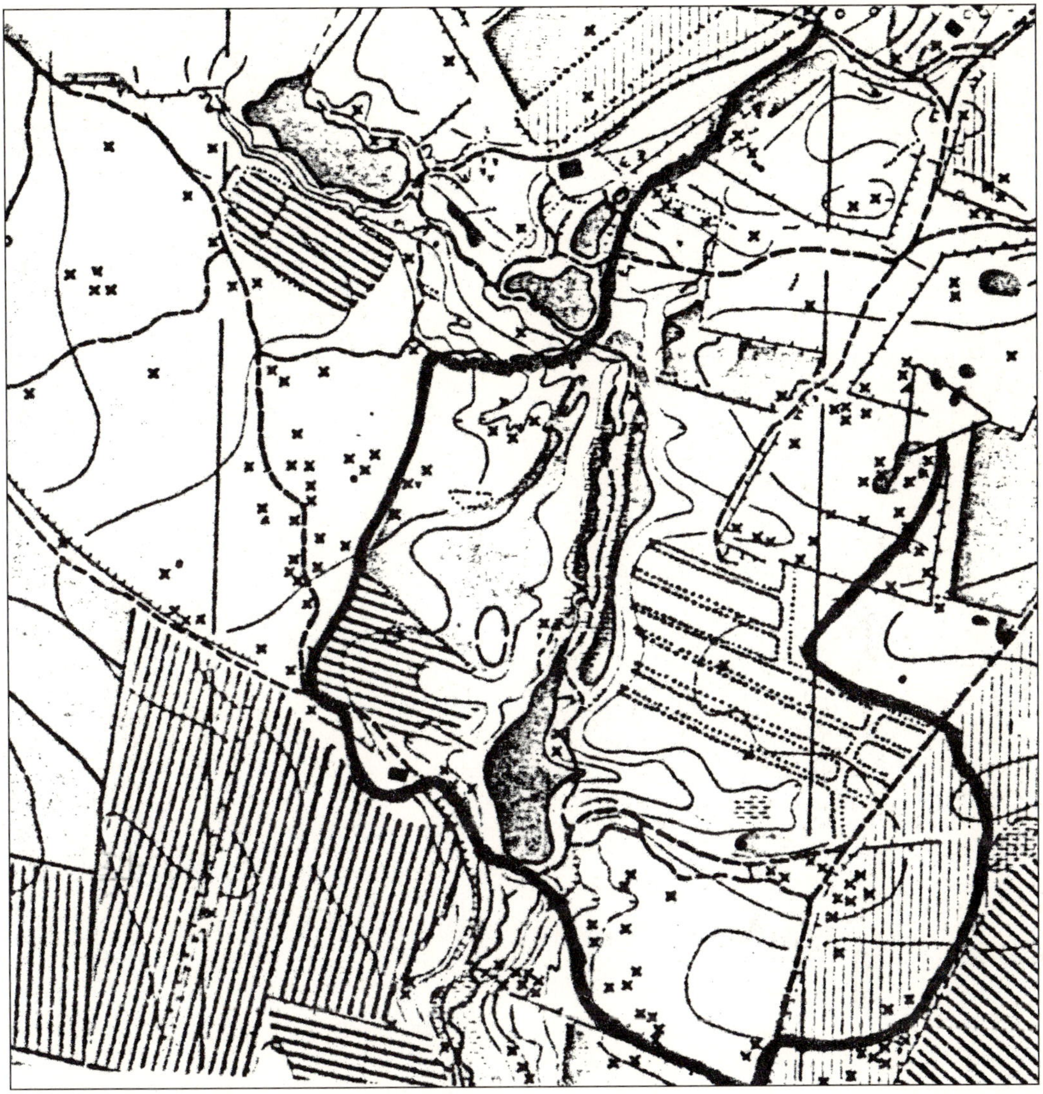

FICHE 12

1 – Flèche de direction
2 – Plaquette transparente
3 – Règle de mesure
4 – Loupe
5 – Lignes parallèles
6 – Ligne de visée
7 – Flèche zébrée
8 – Aiguille aimantée
9 – Lignes parallèles
10 – Bague de graduation
11 – Boîtier pivotant
12 – Cordon

Sources

Documents

Dossier formation, Fédération française de course d'orientation. Mise à jour 1993-1994-1996.

Règlement sportif 1997, Fédération française de course d'orientation.

Presse

Orientation Magazine, magazine officiel de la Fédération française de course d'orientation. Articles entre autres du Dr Catherine Chalopin, médecin fédéral FFCO.

Ouvrages

La Course d'orientation de l'école au club, ouvrage édité par FFCO-UFOLEP, 1996.

DUCARDONNET (Alain), PORTE (Gérard), BOULANGER (Pascal), *Le Guide Sport Santé*, Éd. n° 1, 1995.

GRELON (Bruno), *L'Entraînement en athlétisme*, Éd. De Vecchi, 1996.

LATY (Dominique), *Histoire de la gymnastique en Europe, de l'antiquité à nos jours*, PUF, 1996.

MCMANNERS (Hugh), *La Randonnée mode d'emploi*, Éd. du Sport, 1996.

MICHEL (Henri), *Les Instruments des sciences dans l'art et l'histoire*, Éd. Compagnie belge d'édition, 1966.

RAYBAUD (Claude), *Trekking et Randonnée sans entraves*, Éd. De Vecchi, 1993.

ROUMANIE (Jean-Michel), *La Course d'orientation*, Éd. Amphora, 1980 (épuisé).

Vidéo

« La Course d'orientation : un sport, un jeu ». Production FFCO-CREPS de Provence avec le concours du ministère de la Jeunesse et des Sports. VHS-Secam (14 min, 39 s), 1995.

Table des matières

Troisième partie : LA COMPÉTITION ET SES RÈGLEMENTS

ANNEXES

Achevé d'imprimer
en mai 1997
à Milan, Italie, sur les presses
de Grafiche Milani

Dépôt légal : mai 1997
Numéro d'éditeur : 4818